LES PARCS DU QUÉBEC

par monts et merveilles

André Croteau

LES PARCS DU QUÉBEC

PAR MONTS ET MERVEILLES

ÉDITIONS DU TRÉCARRÉ

Conception graphique et infographie : Dufour et fille Design

Crédits photographiques : Aventures Kilinik (p. 170-171, 172, 173)

Richard Lavertue (p. 60, 61 en haut à droite, 85 à gauche, 93 en haut à gauche, 127 en haut, 133 en haut à gauche et en bas, 164)

Autres photos : Ministère de l'Environnement et de la Faune
Publiphoto

Page titre : Parc de la Jacques-Cartier

ISBN 2-89249-664-0

Dépôt légal 1996
Bibliothèque nationale du Québec

Éditions du Trécarré
Saint-Laurent (Québec) Canada

IMPRIMÉ AU CANADA

REMERCIEMENTS

L'AUTEUR remercie toutes les personnes qui, de près ou de loin, ont collaboré à la réalisation de cet ouvrage, et plus particulièrement monsieur Denis Dorion, du ministère de l'Environnement et de la Faune, monsieur Pierre Trudel, de Tourisme Québec, madame Sylvie Rivard, journaliste, monsieur Michel Faugère et madame Julie Saindon, de l'agence Publiphoto.

PATRIMOINE NATUREL

PARMI les aires protégées du Québec, nous pouvons compter sur un réseau remarquable, celui des parcs québécois. En plus de contribuer à la protection permanente de notre patrimoine naturel, les parcs québécois s'offrent aux gens d'ici et d'ailleurs qui recherchent des paysages exceptionnels pour pratiquer une variété d'activités en plein air. Ces espaces naturels de qualité sont non seulement accessibles maintenant, mais ils constituent également un legs inestimable des Québécoises et des Québécois d'aujourd'hui aux générations de demain.

À titre de ministre de l'Environnement et de la Faune, et aussi en tant qu'amant de la grande nature de chez nous, je vous invite, grâce à ce livre, à partir à la découverte de ces lieux témoins des régions naturelles du Québec. Tout au long de ce parcours, laissez-vous rêver le long des nombreux lacs, ruisseaux et rivières qui les sillonnent. Laissez-vous impressionner autant par ces panoramas qui s'étaleront devant vous que par la beauté délicate de la flore multicolore qui marquera vos pas. Et tendez l'oreille, une faune diversifiée, grande ou petite, vous saluera au détour. Bonne route et bienvenue dans vos parcs.

Le ministre de l'Environnement et de la Faune,

DAVID CLICHE

ILÔTS DE PAIX

LES parcs du Québec s'avèrent un des plus grands patrimoine touristique dont nous disposons. Il est heureux que l'auteur ait eu l'excellente idée de les mettre en valeur.

Ces îlots de paix et de verdure sont non seulement les bouffées d'air frais dont les Québécoises et les Québécois ont besoin pour se ressourcer, mais un attrait irrésistible pour attirer les visiteurs d'ici et d'ailleurs. La montée du tourisme nature et aventure témoigne de cet intérêt grandissant. Ce n'est pas par hasard que les touristes étrangers s'intéressent de plus en plus à ces immenses espaces naturels; ils deviennent de plus en plus rares sur la planète.

Ainsi, les parcs du Québec constituent, pour nous, un capital formidable à exploiter et un axe de développement touristique promoteur. Merci de nous les faire découvrir avec autant de couleur et de conviction.

La ministre déléguée à l'Industrie et au Commerce
et responsable de la Science, de la Technologie et du Tourisme,

RITA DIONNE-MARSOLAIS

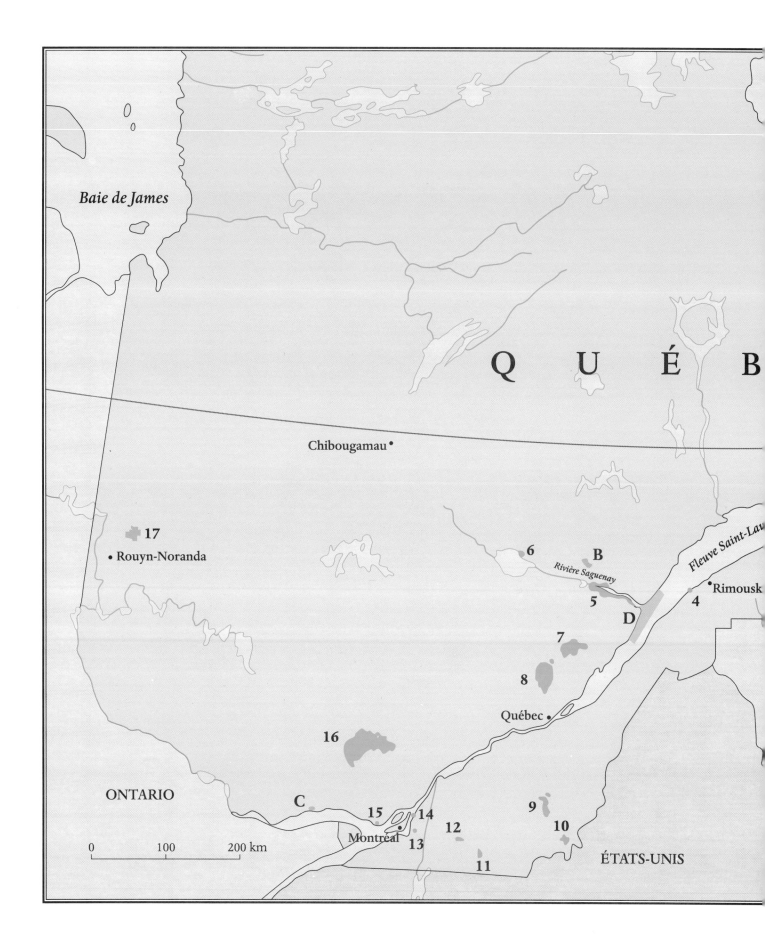

Baie de James

Q U É B

Chibougamau •

17
• Rouyn-Noranda

6   B
        Rivière Saguenay
    5
        D

Fleuve Saint-Lau

•Rimousk
4

7

8

Québec •

16

ONTARIO

C

15   14
Montréal   13   12

9

10

11

ÉTATS-UNIS

0   100   200 km

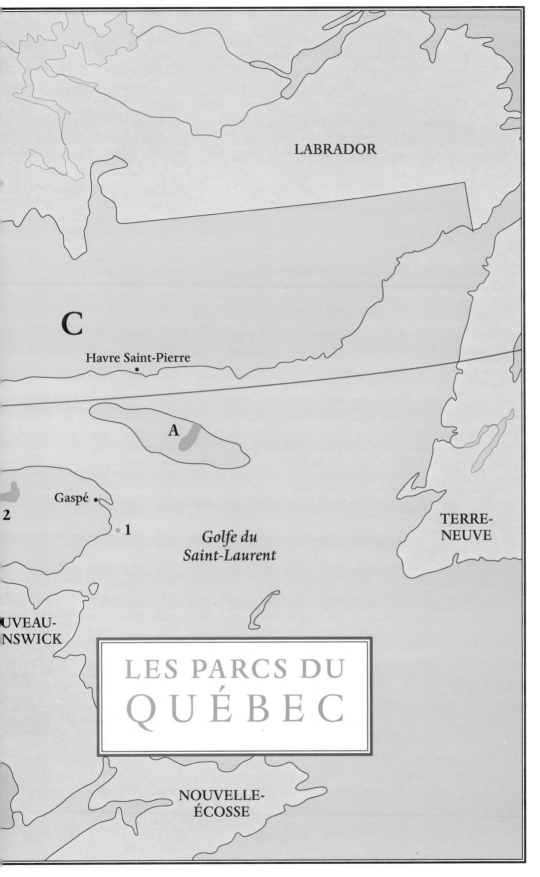

LABRADOR

C

Havre Saint-Pierre

A

Gaspé

2

1

Golfe du
Saint-Laurent

TERRE-
NEUVE

UVEAU-
NSWICK

NOUVELLE-
ÉCOSSE

LES PARCS DU
QUÉBEC

1 Le parc de l'Île Bonaventure
et du Rocher Percé

2 Le parc de la Gaspésie

3 Le parc de Miguasha

4 Le parc du Bic

5 Le parc du Saguenay

6 Le parc de la Pointe-Taillon

7 Le parc des Grands-Jardins

8 Le parc de la Jacques-Cartier

9 Le parc de Frontenac

10 Le parc du Mont-Mégantic

11 Le parc du Mont-Orford

12 Le parc de la Yamaska

13 Le parc du Mont-Saint-Bruno

14 Le parc des Îles-de-Boucherville

15 Le parc d'Oka

16 Le parc du Mont-Tremblant

17 Le parc d'Aiguebelle

A Le parc de la Chute-Vauréal

B Le parc des Monts-Valin

C Le parc de Plaisance

D Le parc marin du Saguenay

INTRODUCTION

 LLER au parc. Une expression toute simple qu'on apprend dans sa plus tendre enfance. Aller au parc : sa première aventure, sa première évasion. La liberté conquise.

Enfin la liberté!

Voilà pourquoi les parcs sont importants : parce que, comme dans votre plus tendre enfance, vous y trouvez la liberté. La liberté de marcher sans fin ou de courir si le cœur vous en dit. La liberté d'écouter sans que personne ne vous dérange et la liberté de chanter à tue-tête sans que vous ne dérangiez personne. La liberté de vous rouler par terre pour libérer ces énergies que vous avez en trop ou de vous étendre longuement pour refaire vos forces. La liberté de faire tout ce qui est physiquement possible et celle de ne rien faire du tout. La liberté.

Les parcs ont une valeur si inestimable, qu'on ne saurait imaginer le monde sans eux. Pourtant, l'idée même d'isoler une aire naturelle afin de lui conserver ses attraits primitifs est nouvelle. Le plus vieux parc du monde, le Parc national de Yellowstone, n'a que vingt ans de plus que le doyen des parcs du Québec, le Parc du Mont-Tremblant, qui célébrait en 1995 son premier centenaire. C'est que la création des parcs coïncide avec l'avènement de l'ère industrielle.

Auparavant, la société mondiale était basée sur l'agriculture, un mode de vie qui procurait un fort sentiment de liberté à ceux qui le pratiquaient. Mais l'industrie, la production organisée, les exigences de la vie en société, qui servent pourtant bien l'homme, finissent par lui donner le sentiment qu'il est prisonnier de son propre univers. Une soupape est à sa portée : les parcs. Voilà pourquoi ils sont précieux, indispensables.

Si notre premier parc est centenaire, tous les autres ont au plus la moitié de cet âge. Le Parc de la Gaspésie fut créé en 1937, et par la suite on constitua les autres parcs. Afin de garantir la protection et la mise en valeur de notre patrimoine naturel, le gouvernement du Québec adopta, en 1977, la *Loi sur les parcs*. Cette loi cadre départageait les parcs et les réserves, et établissait les fondements d'un nouveau réseau de parcs en s'appuyant sur la définition de parc national mise de l'avant, en 1969, par l'Union internationale pour la conservation de la nature et des ressources naturelles. La loi permet au gouvernement de créer deux types de parcs : les parcs de conservation et les parcs de récréation.

Le réseau de parcs québécois[1] comprend 17 parcs et un autre en voie de création, le Parc des Monts-Valin, au Saguenay. Le ministère de l'Environnement et de la Faune poursuit le développement de deux autres projets, soit le Parc de Plaisance, dans l'Outaouais, et le Parc des Chutes-Vauréal, à l'Île d'Anticosti. De plus, le processus d'établissement d'un premier parc marin au Québec se poursuit, le Parc marin du Saguenay. Ces 21 territoires font l'objet du présent livre.

Si l'on inclut la surface des 18 territoires au nord du 50e parallèle réservés afin d'y créer des parcs, nos parcs présents et futurs occupent plus de 3,5 % de l'ensemble du Québec.

L'utilité des parcs québécois est plus qu'une vision de l'esprit : chaque année, on dénombre plus de 3 millions de jours/visite pour l'ensemble du réseau.

1   Les parcs relevant du gouvernement canadien ne sont pas inclus.

LE PARC DE L'ÎLE-BONAVENTURE ET DU ROCHER PERCÉ

LA terre ne pouvait, après avoir enjambé successivement les Appalaches et les Chic-Chocs, s'arrêter brusquement au bout de la péninsule gaspésienne. C'est pourquoi ont été plantés dans la baie de Percé, comme un point d'exclamation au bout du monde, le Rocher Percé et l'Île Bonaventure. Tel un prolongement logique et indispensable à la péninsule.

Ce piton rocheux et cette succession de falaises escarpées aux sommets tabulaires, on les dirait jaillis de la mer. Ils portent pourtant les traces de leur création, indépendante en cet endroit du travail des glaciers de l'ère du Wisconsin auxquels ils ont échappé. Ici, la mer a marié sable et gravier venus d'ailleurs en créant des paysages uniques; l'altération naturelle de la roche, elle, a creusé la pierre, stratifié les escarpements et donné à l'Île Bonaventure et au Rocher Percé leur visage ridé, leurs pentes abruptes.

L'impressionnant rocher s'observe de près, à marée basse. La mer alors se retire et dénude, l'espace de quelques heures, un sentier au bout duquel s'élèvent, à 90 mètres, ses crêtes de calcaire. Moments privilégiés qui octroient aux curieux une visite au sein du « nouveau trou », ce mystérieux phénomène géologique qu'on explique par l'effritement de la pierre très friable dont se compose le Rocher Percé; il se dépouille ainsi chaque année de centaines de tonnes de roches. L'effondrement de la clé de voûte de la dernière arche du premier orifice du roc, tombée le 17 juin 1845, serait causé par le même phénomène.

Par voie de mer, la marée limite l'accès visuel au rocher, mais quelle ouverture sur l'Île Bonaventure et sa flore étonnamment diversifiée offre-t-elle! Ainsi, avant d'en fouler le sol, il vaut mieux en goûter le point de vue à partir de la mer. L'aventure débute au quai de Percé, à bord d'un des bateaux affrétés pour la traversée.

Droit devant, les flancs escarpés des falaises remplissent l'horizon. Les habitants de ces pentes abruptes, les goélands d'abord, auxquels succède plus loin la colonie de fous de Bassan, se manifestent en une joyeuse chorégraphie aérienne. Curieux, de petits phoques bruns pointent une tête hors de l'eau ou dérivent, en groupes, jusqu'au prochain banc de poissons. Le spectacle est ponctué de cris perçants, d'odeurs de guano et d'air salin, et scandé par le vent du large qui balaie la scène avec autorité.

Pour faciliter l'accès au parc, les falaises de l'île s'inclinent doucement vers l'ouest; les premiers colons de l'Île Bonaventure, du temps où les eaux poissonneuses justifiaient sa fréquentation par les Basques, les Bretons et les Français, ont choisi cet endroit et y ont érigé la porte d'entrée. C'est donc là, dans l'anse à Butler, déformation anglicisante du nom de l'entreprise de pêche gaspésienne Le Bouthillier, que s'effectue l'accostage.

Les maisons des premiers colons, témoins de l'occupation de l'île, servent aujourd'hui de centre d'accueil et de premier contact avec le territoire : ces constructions illustrent à merveille les façons de vivre des pêcheurs et constituent une étape essentielle avant d'emprunter l'un des circuits de randonnée qui serpentent à travers l'univers naturel extraordinaire de l'endroit.

Le sentier des Mousses, comme tous les sentiers de l'île, la traverse de part en part. Son nom lui vient de la faible luminosité qui pénètre le couvert des arbres, d'où une végétation surtout composée de mousse, de lichens et de champignons. Au bout de la piste, un belvédère s'ouvre sur la mer, offrant un merveilleux point de vue sur le large!

Des plantes indigènes bordent les falaises et dansent au vent, sur les différents parcours, battant la mesure de la cacophonie ambiante dont est saturé l'air à mesure que l'on gagne la partie est du territoire, la pointe à Margaux, où nichent les 60 000 oiseaux formant la deuxième colonie de fous de Bassan en importance sur le continent.

Le Chemin du Roy ramène les visiteurs à l'anse à Butler à travers une forêt dense de conifères et une belle prairie d'herbes hautes. Sur ce chemin, la baie des Marigots est l'occasion d'une halte. On raconte que les pêcheurs, au XVIIe siècle, aimaient bien s'y arrêter et se prélasser sur sa bande de sable, si bien que l'expression « courir le marigot » fut consacrée, désignant le fait d'aller se cacher dans une anse plutôt que d'aller à la pêche, d'où le nom de la baie!

Le retour par cette piste nous fait découvrir également une vue imprenable de la rive, de Percé et du mont Joli, qui font face à l'île. Une perspective photogénique qui s'inscrit dans la mémoire comme une image indélébile.

LE PARC DE LA GASPÉSIE

LA Gaspésie, c'est trois mers côte à côte : l'Atlantique d'un bord, le golfe Saint-Laurent de l'autre et, entre les deux, une mer de montagnes plus élevées les unes que les autres.

Grandiose, effrayante et attirante à la fois, la mer de sommets déployée par les massifs des Chic-Chocs et des McGerrigle s'élève vers le ciel au cœur du fer à cheval que forme la route de ceinture de la péninsule. On ne peut que se sentir tout petit devant ces impressionnants murs de roc.

Les Appalaches viennent mourir dans cette région, non sans un dernier sursaut de pics acérés, dominant de beaucoup les autres sommets de la région. Les Chic-Chocs et les McGerrigle se font face, séparés seulement par la vallée de la rivière Sainte-Anne, le plus important cours d'eau du parc. Une route suit sa vallée et vous mène à un poste d'accueil, un gîte et un centre d'interprétation où le parc est présenté au visiteur, avant qu'il ne prenne d'assaut cet univers au naturel complexe.

Bien que frères de rocs, les deux massifs se distinguent par leur escarpement et leurs sommets. La chaîne des Chic-Chocs, considérée comme l'épine dorsale du parc, s'aligne parallèle à la côte et dresse ses monts, dont les cimes frôlent les 900 mètres d'altitude partout et forment une frange de falaises abruptes du côté nord. Les deux principaux pics, les monts Logan et Albert, attirent les randonneurs et les skieurs les plus avertis.

Les McGerrigle offrent un relief plus régulier et des sommets vallonneux entrecoupés de vallées et de coulées. C'est dans ce secteur que surgit l'amphithéâtre du lac aux Américains, spectaculaire cuvette à l'abri de laquelle nichent le lac et le mont Jacques-Cartier. Ce dernier, avec ses 1268 mètres d'altitude, compte parmi les plus hauts sommets du Québec.

L'amplitude des sommets du Parc de la Gaspésie n'est pas responsable du seul aspect géophysique du territoire : l'altitude de ses flancs permet la présence très particulière de végétation boréale et arctique dans un périmètre pourtant limité. Ainsi, on retrouve en quatre niveaux autant de types de végétation, chacun appartenant à un domaine bioclimatique différent : la sapinière à bouleau jaune au bas puis, en montant, la sapinière à bouleau blanc, la sapinière à épinette noire et la toundra alpine.

La toundra alpine – un type de flore composé d'arbustes rampants, de mousse et de pelouse de laîches, présente surtout au 60ᵉ parallèle – s'étend sur les hauts sommets des monts Jacques-Cartier et Albert. Ces plateaux sont composés de roches métamorphiques, ou serpentines, qui constituent un milieu propice à l'épanouissement de ces îlots de verdure alpine.

Ces sculpturales dépressions géographiques surmontées de végétation subalpine n'attirent pas qu'une faune de skieurs et de randonneurs. Phénomène unique en Amérique du Nord, le Parc de la Gaspésie, grâce à ces extraordinaires atouts, possède sur son territoire les trois espèces d'ongulés normalement répartis sur tout le territoire du Québec. Le cerf de Virginie peut être aperçu partout sur le territoire, sauf sur les sommets dénudés et sur les pentes abruptes; l'orignal ou élan d'Amérique, broute dans les secteurs au relief accidenté, et le caribou des bois, ou renne du Canada, une sous-espèce particulière à la péninsule gaspésienne, s'observe principalement sur les monts McGerrigle, car il apprécie le lichen et les arbres racornis des forêts de la toundra.

Le Parc de la Gaspésie s'ouvre à la découverte de plusieurs façons, mais s'aborde par une visite au centre d'interprétation de la nature, situé dans la section du mont Albert. L'exposition permanente du centre permet d'apprivoiser les caractéristiques de cet immense espace naturel, de se familiariser avec ses points d'intérêt principaux et d'être fin prêt à le prendre d'assaut, à pied ou à ski. Car les monts sont zébrés de sentiers de randonnée qui traversent cette mer de sommets et offrent de nombreux

défis sportifs aux amateurs. Des points de vue imprenables sur la région jalonnent ces crêtes que même les moins expérimentés peuvent espérer conquérir.

En hiver, les intrépides trouvent ici le terrain idéal pour la pratique du télémark et du ski alpin. Ils doivent toutefois effectuer les remontées à pied. Parmi les activités les plus populaires dans ce parc, la longue randonnée à ski s'est taillé une place de choix au fil des ans. De nombreux refuges et aires de camping sont répartis le long des pistes afin de permettre aux randonneurs au long cours de reposer leurs sens exacerbés par tant de beauté. À l'entrée du parc, le Gîte du Mont-Albert combine hébergement de qualité et restauration gastronomique.

Dans le Parc de la Gaspésie, on trouve un jumelage réussi de la conservation du territoire et de la mise en valeur exceptionnelle d'un environnement de qualité où tous peuvent profiter d'une nature… grandeur nature!

LE PARC DE MIGUASHA

L E Parc de Miguasha, sur la baie des Chaleurs, drape les berges de la rivière Ristigouche d'une dentelle de falaises qui s'appuie contre le massif du Parc national de la Gaspésie. Blottis dans le repli de la baie des Chaleurs et offerts à la mer qui s'ouvre sur l'horizon, ses flancs abrupts bordés d'une plage caillouteuse montrent une terre rougeâtre : c'est le conglomérat de Bonaventure, du nom de l'île située à quelques kilomètres au nord-est.

Sous ce sol constitué de grès et de schistes se trouve une couche de terrain grisâtre datant de la période du dévonien supérieur; vieille de 350 à 375 millions d'années; c'est l'Escuminac, une des formations fossilifères les plus réputées du monde. L'état de conservation des fossiles qu'on y trouve est renversant.

La falaise de Miguasha renferme les mystères de nos origines, dévoilant même l'époque où la Gaspésie connaissait un climat tropical. Ce site fossilifère est un secret mal gardé puisque depuis des dizaines d'années, les énigmes contenues dans ses roches ont attiré ici les plus grands scientifiques. La petite municipalité de Miguasha, dont le nom signifie « terre rouge » dans la langue des Micmacs, les Amérindiens de la région, est devenue il y a longtemps un carrefour paléontologique de renommée internationale.

Il en était ainsi bien avant que le gouvernement québécois ne soit alerté par nos scientifiques. Le pan de l'histoire du monde inscrit dans les rives de la rivière Ristigouche nous était dérobé, pièce par pièce, par des étrangers. Il fallait intervenir pour protéger ce patrimoine unique.

Élevée au statut de parc à l'été de 1984, la colline de Miguasha table sur sa réputation non surfaite de site unique au monde pour attirer de nombreux visiteurs. Pourtant, le parc déploie aussi moult attraits naturels et floristiques dignes de mention.

Des retailles de forêt boréale s'accrochent aux flancs de Miguasha, pour rappeler son érection au milieu d'une péninsule à la flore plutôt nordique, voire arctique sur les hauteurs des monts Jacques-Cartier et Albert tout proches. Et puisque les surprises abondent au parc, la végétation aussi se met de la partie, mêlant les sapins baumiers aux érables à sucre et aux bouleaux jaunes typiques des érablières, plus méridionales. C'est le climat particulièrement clément marié à la

douceur des eaux de la baie des Chaleurs qui expliquent ce phénomène. Étonnamment, un lac profond, de grande dimension et entouré de forêt tropicale, occupait jadis le site actuel de Miguasha.

La protection de la richesse fossilifère de la région de Miguasha par la création d'un parc est une initiative heureuse. Non seulement les fossiles demeurent-ils partie intégrante de notre patrimoine, mais ils servent également à l'éducation de l'homme. Ils lui expliquent le passé, l'aidant à comprendre le présent et à envisager le futur.

C'est d'abord au centre d'accueil que se déploie l'impressionnante connaissance contenue dans le kilomètre carré de territoire dont est constitué le parc, le plus petit au Québec.

Une exposition permanente met en relief les différents types de fossiles retrouvés sur place et démystifie en même temps qu'elle vulgarise la science et le travail des chercheurs illustrés par une visite de la colline aux fossiles. Les fouilles sont toutefois restreintes au personnel compétent, la fragilité du site justifiant cette décision.

La formation d'Escuminac renferme encore bien des secrets; c'est pourquoi un laboratoire scientifique occupe une place importante dans le bâtiment d'accueil. On procède donc sur place à l'étude et à l'analyse des spécimens découverts à Miguasha. Et cela fait partie de la mission de ce parc tout à fait particulier.

LE PARC DE MIGUASHA

LE PARC DU BIC

R ENDU au Bic, dit la légende, l'ange responsable de la distribution des montagnes se sentit bien fatigué par la lourdeur de son sac. Puisque le Bic représentait le terme de sa tournée, il le secoua et déversa toutes les montagnes restantes pêle-mêle dans le Saint-Laurent, semant du même coup une géographie étrange et fantasque sur cette frange du littoral sud de l'estuaire.

Au premier regard, on le croirait aride, infertile et inabordable. Pourtant, cet étrange relief de bord de mer a vu l'établissement d'une colonie d'habitants attirés par cet espace qui les protégeait des grands vents du large et des courants d'une marée qui se manifeste fortement dans cette région.

Le Parc du Bic dispose d'un territoire d'à peine 33 km², circonscrit par la localité de Saint-Fabien-sur-Mer, à l'ouest, et par le village du Bic, à l'est. Il occupe 14 km de rive, 14 km² d'espace marin et l'équivalent de 20 km² de barres de roche tournées vers le fleuve et entrecoupées de plateaux. L'horizon ne connaît pas de répit ici, déchiqueté partout par des pics et des sommets acérés.

Le brouillard, visiteur assidu du parc, souligne l'irréalité du paysage. Ce phénomène s'explique par la situation géographique singulière de la région, orientée face à l'estuaire du Saint-Laurent.

Léchées par les lames du grand fleuve et sculptées par elles, les falaises du parc du Bic présentent au large des parois bien alignées, parmi lesquelles la Muraille possède un pente moyenne de 76 % de dénivelé; les falaises moins pentues se tournent plutôt vers l'intérieur des terres. Les pics s'inclinent vers la mer, comme prêts à se détacher de la terre et à entrer dans le fleuve. Tout autour, quelques îlots, parcelles de collines semées çà et là dans la mer, servent de reposoir à une grande colonie de phoques gris et communs, principal attrait et emblème du parc.

De nombreux agents d'érosion ont sculpté la région au fil des siècles. Les eaux de l'estuaire du Saint-Laurent, le gel et l'action des glaces au printemps et à l'hiver, continuent encore aujourd'hui à modeler le paysage. Les massifs du cap Enragé, du cap à l'Orignal et le pic Champlain constituent les éléments les plus saisissants de cette géographie dont la formation rocheuse très plissée en cisèle le profil.

Les baies et les anses résultent également du travail de la mer sur le roc, comme si la grande Dame cherchait à s'immiscer dans les terres. L'eau réussit pourtant à s'y infiltrer : la rivière du Sud-Ouest sillonne le parc de part en part, alimentée par le lac Saint-Mathieu ou lac Saint-Simon, tout près du parc. Un seul lac, appelé à Crapauds ou Carré, occupe l'ouest du territoire.

Si le réseau hydrologique du parc est mince, la mer, qui baigne la région, influe considérablement sur le paysage côtier. À marée basse, des battures larges et invitantes s'offrent à une grande variété d'oiseaux aquatiques. Il est possible d'explorer les rivages ainsi mis à gué, en se méfiant toutefois des marées qui peuvent atteindre de trois à cinq mètres; cette hauteur est surtout atteinte lors des grandes marées de printemps et d'automne. L'horaire des marées est offert aux différents postes d'accueil du parc.

Doublement influencés par les facteurs maritime et terrestre, les microclimats de la région du parc, comprise dans une zone de transition

entre les forêts de feuillus et boréale, permettent l'épanouissement d'une végétation abondante et variée. Ici, 22 espèces de plantes croissent à la limite de leur zone de distribution méridionale ou septentrionale, la plupart sur la hauteur des caps ou en bordure des falaises.

Curieusement, le climat rude du parc et des hauts sommets est propice à la croissance de plantes d'affinités arctique-alpine et subarctique, créant des paysage insolites pour la région. Ainsi, la seule aire de croissance de la fougère *Woodsia oregana* au Québec, une espèce très rare, se trouve dans le parc du Bic. Interdit de cueillir!

Le milieu marin caractérise le peuplement faunique du territoire. Ainsi, les moules et les palourdes (appelées myes, dans la région), des espèces typiquement marines, ornent les battures rocheuses. De nombreux poissons fréquentent les eaux du parc; quelques saumons de l'Atlantique remontent même annuellement la rivière du Sud-Ouest, au moment du frai. Déclarée sanctuaire de pêche depuis 1975, c'est la seule rivière du parc, mais quelle rivière!

Les parois rocheuses sont fréquentées par de nombreuses espèces d'oiseaux aquatiques, notamment des colonies de goélands argentés et de cormorans à aigrettes. Le plus spectaculaire des nicheurs demeure l'eider à duvet; une dizaine de milliers de couples de ces gros canards vivent sur l'île Bicquette, à moins de 5 km au large du cap à l'Orignal.

L'observation de la nature s'effectue de multiples façons : à pied, à vélo, même en bateau. Des sentiers aménagés pour les marcheurs et pour les cyclistes se trouvent indiqués sur une carte offerte au poste d'accueil du parc, situé au cap à l'Orignal. C'est là que l'on peut observer les vestiges de l'occupation amérindienne. Un centre d'interprétation se trouve également à cet endroit. Le camping du Bic offre un type d'hébergement intéressant.

Il faut se chausser de bonnes bottes résistantes et imperméables pour parcourir les sentiers, les plages et les battures. Malgré des aménagements modernes, le Parc du Bic, aujourd'hui encore, se conquiert et se mérite!

LE PARC DU BIC

LE PARC DU SAGUENAY

Lorsqu'au détour de la route 138, qui relie La Malbaie à Tadoussac, vous apercevez pour la première fois le fjord du Saguenay, la force et l'austérité qui s'en dégagent vous marquent pour longtemps.

Le Parc du Saguenay met en valeur le caractère exceptionnel de ce fjord et du territoire qui l'encadre. Ce parc embrasse deux régions touristiques, celles de Charlevoix et du Saguenay–Lac-Saint-Jean. Son élément principal, le fjord du Saguenay, s'ouvre sur la non moins belle rivière Saguenay, juste avant qu'elle se marie au fleuve Saint-Laurent.

D'entrée de jeu, on est saisi par la stature grandiose du parc. L'aborder par voie d'eau, en partant de Tadoussac, est comme ouvrir un livre à la première page. Aussi loin que le regard porte, l'eau et le roc s'unissent pour dessiner de formidables paysages.

Enchâssé entre le massif des Laurentides et celui des monts Valin, le fjord est une cicatrice révélant nettement le passage des glaciers : l'entaille, en forme de U, possède des parois quasi verticales aux rives imprenables. La mer s'y est glissée et, séduite, y est demeurée emprisonnée. Sauvages et indomptables, les anses et les eaux douces de la rivière Saguenay, en raison de leur nature indomptée, sont fréquentées par une faune marine étonnante qui va du béluga au requin.

La rudesse qui émane du décor de roc pourrait décourager les moins braves; mais dès qu'on y met le pied, on constate qu'elle n'est que simulacre. Les sentiers de randonnée guident les pas des excursionnistes sur des promontoires qui, en plus de dévoiler des scènes panoramiques grandioses, leur permettent de fouler une nature vierge principalement constituée d'une forêt boréale, mais aussi de petits arbustes et de lichens typiques d'une végétation subalpine.

Et puis, quand le soleil scintille sur la rivière et qu'un peu de brouillard s'accroche aux flancs des parois abruptes du fjord, créant un mystérieux tableau, la séduction opère et transporte l'observateur au-delà de ce monde. Qu'on le contemple du haut des caps sillonnés de sentiers ou du pont d'un des nombreux bateaux de croisière qui s'y attardent, qu'on l'explore en canot pneumatique ou en kayak, le fjord offre mille perspectives différentes qui déclenchent toutes une émotion intense.

Déjà, au début du siècle, les bateaux de la Canada Steamship Lines, transportant de nombreux touristes étrangers, sillonnaient la rivière Saguenay afin de montrer ses merveilles. Mais, bien avant eux, les Amérindiens puis les Basques avaient établi un fort de commerce important à Tadoussac, porte d'entrée du continent et ouverture sur la rivière Saguenay.

Longtemps avant l'arrivée des Blancs, cette rivière constituait une importante artère commerciale. Plus tard, elle devint la principale voie de pénétration des colonisateurs vers le lac Saint-Jean. Aujourd'hui, les vestiges de cette époque se lisent dans la petite ville touristique de Tadoussac. Le grand hôtel au toit rouge, vedette du film *L'hôtel New Hampshire*, d'après le roman de John Irving, domine encore le paysage face à la mer.

L'immense territoire du parc se distribue en trois secteurs, dont celui qui est précisément situé à Tadoussac. Des sentiers d'interprétation mènent sur les berges et, côté fleuve, par beau temps on peut guetter les baleines, tranquillement assis sur un rocher. La Maison des dunes, le centre d'interprétation, présente selon une formule interactive les grands

moments de l'histoire de l'occupation humaine du secteur et explique la formation des terrasses.

Le deuxième couloir de découverte du parc s'éloigne des sentiers battus et mène à l'embouchure de la rivière Éternité, dont la baie du même nom est protégée par deux gigantesques piliers de roc, les caps Trinité et Éternité.

Les histoires entourant ces sentinelles de pierre valent à elles seules la visite. S'y limiter serait toutefois se priver de l'étonnante exposition « La nature devenue fjord », présentée au centre d'interprétation. Autre activité de choix : marcher sur les caps dominant la rivière Éternité; une partie de pêche sur ce plan d'eau fait également partie des petites surprises du parc.

Le troisième secteur du parc, celui de la baie Sainte-Marguerite, est le théâtre par excellence pour l'observation des bélugas, ces attachantes baleines blanches. En plus d'offrir un belvédère d'observation extérieur qui embrasse la baie, le site est doté d'un bâtiment regroupant plusieurs services. C'est là que se déroule l'exposition permettant d'en apprendre davantage sur ce secteur et sur ses habitants. La rivière Sainte-Marguerite

mérite également qu'on s'y arrête pour taquiner le poisson : la pêche au saumon et à la truite de mer, à partir de Bardsville, y est pratiquée depuis 1928.

La faune du parc est caractéristique des forêts boréales de la région : on peut donc rencontrer, lors d'une promenade, un orignal, un ours noir, un loup ou un castor. Sur les sommets dénudés croissent des espèces typiques des zones arctiques alpines, principalement l'épinette noire.

Sur la rive nord ou sur la rive sud, plusieurs sites d'intérêt sont annoncés aux abords des petites routes pittoresques qui longent la rivière Saguenay.

Toutefois, qu'on le découvre du haut des caps, du pont d'un bateau, lors d'une courte ou d'une longue randonnée à pied, ou par l'une des expositions présentées dans les centres d'interprétation, une seule visite ne suffit pas à comprendre ni même à voir l'immensité de ce parc de conservation. Complexe mais généreuse, la nature s'est ménagé un espace où on peut revenir encore et encore, et découvrir chaque fois davantage, chaque fois avec plus d'appétit de savoir, ce territoire heureusement protégé pour toujours.

LE PARC DU SAGUENAY

LE PARC DE LA POINTE-TAILLON

L E Parc de la Pointe-Taillon, qui tire son nom du canton Taillon où il se trouve, est une parcelle de terre gorgée d'histoire, comme il y en a beaucoup au Québec.

La pointe Taillon raconte l'épopée des débuts de la colonisation de la région du Saguenay-Lac-Saint-Jean, depuis l'époque où elle constituait le royaume des Amérindiens, les Montagnais, jusqu'à celle des derniers Blancs à avoir habité l'île, en 1941. Les premiers y avaient des territoires de chasse et de pêche et, plus tard, les autres, des comptoirs de traite. Judicieusement située sur la rive nord du lac Piekouagami – le lac Saint-Jean en montagnais – et contourné par la rivière Péribonca, la pointe servait les desseins de ses premiers habitants.

Les vestiges de cette époque ont aujourd'hui complètement disparu, laissant place à ce que le territoire avait toujours connu avant la venue de l'homme : la nature. La pointe Taillon, ou de la Savane comme elle se faisait appeler en raison de sa plaine herbeuse et marécageuse, avance ses 71 km² de plaine, de marécages, de tourbières, de chenaux et de plages dans le lac Saint-Jean, ce plan d'eau majestueux d'une superficie totale de 1100 km². Limitée au nord par la rivière Péribonca, au sud-ouest par la rivière Taillon, la pointe Taillon ne compte aucun « button », aucun autre relief que le rivage légèrement escarpé et l'ondulation des dunes dans le centre du parc.

Le Parc de la Pointe-Taillon est doté de plages interminables. Tant mieux, puisque la région bénéficie de températures plutôt clémentes durant la saison estivale, compte tenu de la situation privilégiée de la pointe qui est enclavée dans les basses terres du lac Saint-Jean.

La presqu'île rassemble tellement d'éléments naturels spécifiques à la région en un espace si restreint, qu'on les dirait volontairement posés là, comme sur un écrin de mousse. Une tourbière de 100 hectares occupe d'ailleurs le centre septentrional de la presqu'île sur une partie importante de son étendue, la partageant toutefois avec des forêts et des dunes, en une alternance de paysages saisissants autant qu'étonnants. Ainsi, en plein cœur de la tourbière, un delta sablonneux se déploie suivant la forme de doigts étalés, d'où son nom de delta digité. Dans cette zone se marient deux familles de végétation : la sphaigne, caractéristique des tourbières, et le cladonie, qui croît en terrain sec.

Les bords de la rivière Péribonka et ceux de l'île Bouliane, isolée du reste de la pointe à la suite du rehaussement du niveau du lac Saint-Jean, au début du siècle, sont baignés de marais et de marécages. Auparavant, c'est à travers des chenaux que la rivière se frayait un passage; aujourd'hui, ce sont plutôt les oiseaux aquatiques et le brochet qui fréquentent le site le plus assidûment.

L'abondance des milieux humides dans le parc favorise toutefois l'épanouissement d'une flore uligineuse et attire de nombreuses espèces d'oiseaux de rivages et aquatiques, de reptiles et d'amphibiens. Ces plans d'eau riches en plancton générèrent également une nourriture abondante pour les insectes, ce qui attire les oiseaux insectivores.

En raison de sa haute fréquentation par de nombreux canards barboteurs et plongeurs, bernaches et autres représentants de la faune aquatique, la pointe Taillon se voyait attribuer le statut de refuge d'oiseaux migrateurs en 1952.

Les différents éléments floristiques servent d'habitats à plusieurs espèces animales que l'on prend plaisir à observer au cours d'une promenade. L'apparition d'un orignal n'est pas rare ici; le grand cervidé y trouve l'abri et la nourriture dont il a besoin. Le loup, que l'on retrouve

généralement dans les grands espaces, est également présent dans le parc. De petits mammifères tels le lièvre, le renard, le castor, le rat musqué et le vison y ont également élu domicile.

Quand on redonne à la nature ce qui lui appartient, elle reprend ses droits et les remet à la disposition des utilisateurs comme si de rien n'était. Le Parc de la Pointe-Taillon en est l'illustration parfaite. Pour le découvrir, un poste d'accueil situé à l'entrée principale présente une exposition où on peut lire l'histoire du parc, en maquettes et en tableaux, de ses origines à nos jours. Quatre autres postes d'accueil guideront les visiteurs selon l'usage qu'ils veulent faire du parc : activités nautiques, randonnées pédestres, camping, bicyclette et même la navigation de plaisance, permise dans le parc.

La pointe Taillon, qui dévoile les plus belles plages du lac Saint-Jean, offre un parc où les spécificités naturelles se découvrent dans un climat de vacances à la mer!

Page suivante, une flore riche et variée qui inclut même des plantes carnivores, telles la saracénie pourpre (en haut à droite), et une plante sans chlorophylle, le monotrope uniflore (en bas à droite).

LE PARC DE LA POINTE-TAILLON

LE PARC
DES GRANDS-JARDINS

ENCLAVÉ dans la grandiose réserve des Laurentides, au nord de la ville de Québec, le Parc des Grands-Jardins se distingue par une végétation rare à cette latitude, une pessière à cladonie typique de la taïga qui lui vaut son surnom « d'îlot de Grand Nord ».

Situé en bordure de l'ancienne piste menant de Baie-Saint-Paul à La Baie, dans la région du Saguenay, et aujourd'hui connue comme la route du « petit parc », le Parc des Grands-Jardins se déploie sur une surface de 310 km².

Le caractère pittoresque du voisinage immédiat du parc donne à ce milieu une ambiance particulièrement rustique, qui lui vaut d'être reconnu comme une des aires centrales de la Réserve mondiale de la biosphère de Charlevoix, élevée à ce rang par l'UNESCO en 1988. Québec, la vieille capitale, se dresse à une centaine de kilomètres seulement de là. Et pourtant, dans ce coin de pays, c'est comme si la nature avait avalé toute civilisation.

Le Parc des Grands-Jardins se décline d'ouest en est en cinq tableaux naturels, chacun possédant une végétation, un relief et d'autres caractéristiques qui lui sont propres. À l'extrémité est du parc, le piedmont est le premier élément géophysique que l'on rencontre après la traversée du village de Saint-Urbain.

Le contrefort borde le parc à l'est comme une dentelle de hauts sommets dont fait partie le mont du Lac des Cygnes. Le paysage se déploie au pied du massif, qui constitue une immense fenêtre sur le panorama régional. Les falaises aux pentes abruptes sont peuplées de résineux comme l'épinette noire, principale espèce à y croître; le sapin et le bouleau blanc s'y accrochent toutefois çà et là. Tout en haut, sur les sommets vallonnés, la toundra s'éparpille en lopins de plantes arctiques-alpines. De cette altitude, on embrasse du regard le plateau central, qui constitue la majeure partie du parc, la plus utilisée de façon récréative.

Un paysage creusé de vallées, des lacs et des rivières poissonneuses rendent le plateau central attrayant pour la pratique d'activités telles que la pêche sportive, la randonnée et les autres sports nautiques. C'est aussi l'endroit idéal pour observer la nature : parmi les peuplements d'épinettes noires, on découvre des regroupements de lichens formant les pessières à cladonie, caractéristiques de la taïga nordique.

Le caractère exceptionnel de ce couvert végétal est en partie dû au bon drainage du sol dans cette région. Cette formation végétale serait en partie responsable de la présence du caribou sur le territoire. La chasse incontrôlée du siècle dernier a mené à la disparition de l'espèce. Mais, à la fin des années 1960, un programme de réinsertion des caribous dans la zone des Grands-Jardins fut couronné de succès. Aujourd'hui, la population de caribous se porte bien dans le parc des Grands-Jardins et on peut l'observer sur le plateau central en tout temps. Des excursions spéciales, qu'on effectue à la saison froide au moment où les bêtes sont concentrées dans leur site d'hiver, amènent les curieux sur les lieux les plus propices à l'observation de ce cervidé majestueux.

Au sud-ouest du parc, la cuvette propose des éléments d'intérêt comme la moraine de Saint-Narcisse, ponctuée de lacs peu profonds mais regorgeant de truites mouchetées ou ombles de fontaine. Le caractère relativement plat du relief de cette zone retient les eaux dans cette partie du parc, les emprisonnant pour former des tourbières dont la plus impressionnante est celle du lac Malbaie. Constellée de lacs et de

tourbières, la cuvette demeure l'un des sites les plus appréciés pour la pratique de la randonnée et d'activités aquatiques.

Rarement abordé par ce secteur situé à la pointe ouest du Parc des Grands-Jardins, le haut plateau déploie un relief accidenté impressionnant, qui offre les promontoires les plus élevés de tout le territoire et les meilleurs points de vue sur le parc. Les sommets aplatis du haut plateau sont entrecoupés de nombreux petits plans d'eau remplis, eux aussi, d'ombles de fontaine. Les forêts de sapins et d'épinettes du secteur servent d'habitat à l'orignal et peuvent également accueillir des caribous en été.

Le Parc des Grands-Jardins comprend, outre ses caractéristiques végétales exceptionnelles, au moins un autre élément lui méritant son surnom « d'îlot de Grand Nord » : son climat, particulièrement rigoureux en raison de l'altitude élevée de son plateau. Peu de régions québécoises risquent le gel au sol même en été, ne laissant qu'une quarantaine de jours sans que la terre ne soit givrée, ce qui est le cas ici.

LE PARC DES GRANDS-JARDINS

Deux aires de services sont judicieusement prévues pour l'accueil et l'acheminement des visiteurs sur le territoire du Parc des Grands-Jardins. L'aire Thomas-Fortin, située à l'extrémité est du parc, et à laquelle on accède par la route 381, propose des services d'accueil et de renseignements et des aires de camping individuelles ou de groupe. Le point de départ du sentier du mont du Lac des Cygnes se trouve à cette entrée du parc.

Le poste d'accueil Château-Beaumont, localisé en plein cœur du parc, dans son plateau central, en plus des services mentionnés antérieurement, propose l'interprétation des éléments particuliers du parc, pour l'apprivoiser avant de le conquérir, la location d'équipement pour la randonnée ou le vélo, et est le point de départ de nombreux sentiers de randonnée pédestre et cycliste.

Faciliter la découverte d'éléments exceptionnels du patrimoine naturel québécois constitue l'une des missions du Parc des Grands-Jardins; il s'en acquitte on ne peut mieux. Des partenaires régionaux suggèrent également des excursions originales afin que l'observation du milieu s'effectue avec le plus grand respect possible pour ces précieuses parcelles de Grand Nord.

LE PARC DE LA JACQUES-CARTIER

À 30 minutes du centre-ville de Québec, la nature explose de grandiose manière. Une vallée spectaculaire et un large plateau, ciselés à même le secteur le plus considérable du massif des Laurentides, modulent des paysages d'une beauté sauvage à couper le souffle.

Le Parc de la Jacques-Cartier compte 670 km^2 sur lesquels sont répartis, en six unités de paysages différentes, les caractéristiques qui le distinguent des autres : une rivière enchâssée dans une vallée grandiose elle-même bordée de hauts sommets, de larges gorges, 95 lacs regroupés dans un des secteurs du parc le plus représentatif des Hautes-Laurentides et des vallées dites secondaires, bondées de surprises floristiques et fauniques.

Cet environnement impressionnant est issu du passage du temps dans le parc : datant de l'époque précambrienne, donc très anciennes, les roches sur lesquelles est assis le parc sont très dures et friables à la fois. Les différents mouvements de l'écorce terrestre ont sculpté le territoire, le fractionnant en plusieurs endroits et créant la rivière Jacques-Cartier, la fracture la plus importante.

L'entrée du parc correspond à la partie large de la vallée où se trouvent le poste d'accueil ainsi que les services d'interprétation de la nature et de location d'équipement de plein air. Une pause parfaite avant d'entreprendre la découverte du couloir, une section de 25 km qui appartient au centre de la vallée.

En cet endroit, on assiste à des scènes où la généreuse forêt d'érablière descend sur les berges jusqu'à lécher les rives de la Jacques-Cartier, produisant l'effet d'une épaisse moquette de verdure qui se déroulerait jusque dans l'eau. Des falaises à pente plutôt douce atteignent là une altitude de 500 à 600 mètres. Des cascades et des rapides, disséminés sur le parcours, agrémentent les sentiers de randonnée et les balades en canot.

La rivière Jacques-Cartier se brise au nord en trois cassures : la Cavée à l'ouest, le Taureau au nord et le Malin, à l'est. C'est le secteur des gorges qui porte le nom de la Croisée; les failles profondes qui sillonnent le territoire procurent à ce site une allure particulièrement accidentée.

Le Parc de la Jacques-Cartier ne se résume pas à une rivière, si jolie soit-elle, ou à un déploiement de gorges. Le parc exhibe également de chaque côté de la rivière Jacques-Cartier une bordure de sommets faiblement accidentés parmi lesquels de hautes cimes, comme le mont Andante, avec ses 750 mètres, embrassent toute la vallée; un peu plus loin, la formation le Scotora marque le passage d'une étonnante forêt d'érables à sucre et de bouleaux jaunes à une forêt de type boréale. Point de jonction entre deux univers : le chaud et le froid.

Au nord-est, le territoire est très représentatif du plateau des Laurentides. Dans ce secteur, les failles perdent leur aspect d'encaissement. Le relief est ondulé, ce qui permet aux rivières de s'écouler doucement et de créer des lacs qui jouent à cache-cache avec les montagnes. Le point dominant du massif des Laurentides, le mont François-de-Laval, expose ses 1083 mètres d'altitude dans cette partie du parc. Dans ce secteur, l'altitude est propice à la croissance de la sapinière et à la pessière, typique des territoires nordiques.

Au bonheur des amateurs de sports d'hiver, le Parc de la Jacques-Cartier reçoit d'abondantes chutes de neige; la couche nivale peut y

LE PARC DE LA JACQUES-CARTIER

atteindre jusqu'à cinq mètres. Le nord de Québec est par ailleurs reconnu pour la qualité de son enneigement. Et l'été, les aurores boréales façonnent d'étonnants tableaux naturels.

Les vallées secondaires alimentent la rivière Jacques-Cartier. Plus accidentées mais moins élevées, les vallées comprises entre la vallée principale et le plateau constituent sans doute l'une des aires de découvertes importantes du parc. Cette zone regroupe les spécimens fauniques les plus spectaculaires de la région : la forêt du parc est suffisamment garnie pour offrir le gîte et la nourriture en abondance à l'orignal, qu'un petit matin brumeux peut mettre sur la route de l'observateur matinal. Le loup occupe également le territoire. Une des activités du parc consiste à provoquer, au moment propice, l'appel du loup, mystérieux cri lancé dans la nature sauvage du parc. Frissons garantis…

La qualité des eaux de ses rivières a permis la réintroduction du saumon de l'Atlantique dans le parc. Il est aujourd'hui possible de voir la population de saumons remonter les frayères des rivières Jacques-Cartier et Sautauriski.

Comme un grand livre ouvert sur la nature, le Parc de la Jacques-Cartier se découvre étape par étape. Pour faciliter l'entreprise, les activités d'accueil et d'interprétation se concentrent à l'entrée du parc, dans le secteur de la vallée principale. Des programmes ont été conçus pour la familiarisation et l'initiation au territoire dans une ambiance de jeux.

Les sentiers de randonnée pédestre ou à ski, les parois spécialement aménagées pour l'escalade, procurant des points de vue encore plus impressionnants sur le parc, les circuits de canot, de canot-camping ou de kayak, les aires de pique-nique, de camping rustique ou semi-aménagé, toutes les infrastructures et les services sont conçus dans le but de permettre une découverte globale et sécuritaire de la nature du Parc de la Jacques-Cartier.

LE PARC DE LA JACQUES-CARTIER

LE PARC DE FRONTENAC

L E Parc de Frontenac s'allonge dans la région nord-est du plateau appalachien comme un ruban de verdure ponctuée d'une oasis de 51 km², le lac Saint-François. Le territoire est constitué de lacs, de rivières et de ruisseaux, d'une dentelle de collines et de grandes forêts peuplées d'érables. C'est ici que la rivière Saint-François, un des sept grands affluents du Saint-Laurent, prend sa source avant de courir vers le fleuve qu'elle rejoindra à la hauteur du lac Saint-Pierre.

Ce n'est pas le relief qui domine dans le Parc de Frontenac, il faut plutôt dire que c'est la variété des sols qui composent le territoire et lui donnent un visage diversifié, mais sans saillie. En fait, le parc est surtout constitué de plans d'eau rapprochés et de forêts, assez particulières.

Le lac Saint-François, avec un bassin d'alimentation s'échelonnant sur 1204 km², soit deux fois la surface de l'île de Montréal, représente la principale attraction du parc. C'est un site parfait pour la baignade et la pratique d'activités nautiques. La qualité et la température de l'eau, qui peut atteindre jusqu'à 26 °C en août, s'ajoutent aux attraits du lac.

La création d'un barrage, en 1917, a ajouté 8 mètres au niveau du lac, et a du coup permis la création de la magnifique baie aux Rats Musqués. Avec la baie Sauvage, située dans le secteur sud du parc, elles représentent des bassins particulièrement poissonneux et constituent les frayères les plus importantes du lac Saint-François.

Les 150 km² du parc se divisent en trois sections. Au nord, le secteur Saint-Daniel, bordé par les rives du lac Saint-François et la baie aux Rats Musqués, déploie une importante zone de récréation. Cette partie du parc, mal drainée en raison de la faible dénivellation du terrain, compte une des tourbière situées le plus au sud de toute l'Amérique du Nord. Un sentier de 7,5 km d'auto-interprétation permet d'en découvrir tous les secrets.

Le secteur de Sainte-Praxède déroule son aire de récréation du côté nord-ouest du lac Saint-François, juste sous le secteur précédent. Particularités de cette partie du parc : la colline de Sainte-Praxède et le mont Saint-Pierre, qui se détachent des autres sommets à bas relief du territoire. Ces « montagnes » sont en réalité de ces buttes qui caractérisent le paysage appalachien.

La végétation diversifiée du parc relève de la formation particulière et du drainage des sols. Ainsi à l'ouest, les érablières laurentiennes habillent les versants et les sommets des collines là où le sol est bien drainé. Dans les cuvettes, où l'évacuation des eaux est plus difficile, les résineux abondent. Ces zones sont entrecoupées de tapis de mousses et de marécages. Une forêt mixte occupe les zones mitoyennes. Ce type de boisé tranche nettement avec celui de la portion est du parc où les résineux et les groupements mélangés sont plus nombreux. La raison de la prédominance de ce type végétal est le manque de relief provoquant le mauvais écoulement de l'eau dans le sol.

Tout au bout du parc, dans le secteur sud, le lac Saint-François cède le terrain à une dizaine de lacs dont la superficie couvre de 40 à 200 hectares. Ces petits plans d'eau sont bordés de collines faiblement accidentées. Importants pour la faune du parc, ces lacs correspondent aux aires de nourriture et de reproduction de nombreux oiseaux aquatiques comme le huard à collier, le balbuzard et le grand héron, qui nichent dans le parc. Une héronnière constituée d'une trentaine de nids est par ailleurs préservée dans une zone spéciale, en bordure du lac des Ours.

Un réseau de rivières sillonne également le territoire, dont la plus importante, la rivière Felton, est jalonnée de cascades et de chutes qui agrémentent la randonnée. Cette rivière représente l'un des plus importants sites de frai du doré jaune au Québec, c'est pourquoi cette section du parc, localisée au sud-est, est désignée « zone de préservation extrême ».

Pour découvrir ce que le sol, les forêts et les lacs cachent dans le Parc de Frontenac, un poste d'accueil situé à l'entrée sud regroupe plusieurs services dont une salle d'exposition où on peut découvrir la vie secrète du parc. C'est également dans cette zone que des chalets et des refuges sont offerts aux villégiateurs. Toutes les sections proposent un poste d'accueil avec toilettes, tables de pique-nique et rampe de mise à l'eau. La location d'équipement pour les activités nautiques peut se faire dans le secteur Saint-Daniel ou à l'entrée sud du parc.

Dans le Parc de Frontenac, il est facile de se laisser distraire par la nature; pourquoi ne pas s'offrir la nature comme distraction, le temps d'une visite?

PARC DU MONT-MÉGANTIC

Martre de Pennant.

L E mont Mégantic, aux sources de la rivière Chaudière, affiche un profil qu'on aperçoit de loin quand on voyage dans la région. Ses alentours, plus faiblement dénivelés, et sa base aplatie le font paraître encore plus considérable, plus imposant.

Les grandes crêtes du mont Mégantic se dressent à l'extrémité est de l'Estrie, à la frontière de l'état américain du Maine. Entre les deux régions, une vallée, créée par deux types d'élévation différentes : d'un côté, les montagnes Vertes et les montagnes Blanches du Maine, dont presque tous les sommets dépassent les 900 mètres, de l'autre, les pics des Appalaches estriennes avec leur altitude moyenne de 750 mètres. Le mont Mégantic culmine à 1105 mètres d'altitude : c'est le plus haut sommet du Québec accessible en voiture. À partir de ce point, l'Estrie descend doucement vers les Basses-Terres du Saint-Laurent, jusqu'au grand fleuve lui-même.

Le mont Mégantic en impose aux visiteurs. Ses flancs abrupts montrent de généreuses forêts de feuillus qui font place, à mesure que l'on s'élève en altitude, à des forêts mixtes où les conifères dominent : l'érablière à bouleaux jaunes se situe à la base, la sapinière à bouleaux jaunes s'épanouit au centre et une sapinière à bouleaux blancs orne le dessus de la montagne, au-delà des 800 mètres d'altitude. Le mouvement des falaises, inclinées, forme des replis où s'étirent des vallées, sinueuses et profondes, et des ruisseaux qui plongent dans la rivière au Saumon, qui prend en charge les eaux du parc et les emporte vers la Saint-François et le Saint-Laurent.

Impressionnant d'emblée, le massif du mont Mégantic possède, outre ses caractéristiques géophysiques étonnantes, une aura de mystère qui s'explique en partie par l'immense observatoire astronomique dressé à son sommet. Cette station hautement sophistiquée a été érigée là dans les années 1970 en raison de la faible luminosité prévalant dans la région. Les astronomes y trouvent les meilleures conditions d'observation de la voûte étoilée.

Le dôme étrange de l'observatoire trône au faîte de la colline comme un prolongement de la montagne; l'observatoire constitue par ailleurs un attrait majeur du parc. Plus de 20 000 visiteurs le fréquentent annuellement et y découvrent, en plus des splendeurs du firmament, une fenêtre privilégiée sur le tableau naturel.

PARC DU MONT-MÉGANTIC

L'histoire de ce parc raconte que les premiers colons avaient édifié sur le mont Saint-Joseph, voisin du mont Mégantic, d'abord une croix puis un lieu de culte afin d'attirer sur les cultures la protection du ciel contre les rigueurs du climat, la déforestation ayant laissé les terres vulnérables aux grands vents. La chapelle, construite de mains et de sueurs d'hommes, devint dans les années 1940 un important site de pèlerinage. Aujourd'hui encore, les rites, dont la traditionnelle messe du dimanche, se perpétuent et rappellent cette époque.

Les vocations agricole et forestière de cette portion des Townships depuis le début de la colonisation menaçaient la survie des spécificités floristiques du territoire, qui compte de nombreux spécimens rares. La sapinière à épinettes rouges typique, qui domine un sommet voisin, le Pain de Sucre, la sapinière à oxalide des montagnes, l'ail des bois, et plus de 17 espèces de plantes et d'herbage représentatifs de cette région particulière du Québec, constituent des trésors dont la préservation s'est révélée nécessaire et de laquelle est issue la décision gouvernementale de circonscrire la zone et de l'inscrire au réseau des parcs provinciaux.

Lynx roux

Les caractéristiques climatiques, géographiques, historiques même, se marient dans le Parc du Mont-Mégantic pour offrir des conditions particulièrement propices à la pratique d'activités de plein air telles que la randonnée pédestre et le ski de randonnée.

L'ornithologue amateur ou averti pourra observer de nombreuses variétés d'oiseaux propres aux forêts boréales, notamment des parulines rayées et des moucherolles à ventre jaune ou rencontrer, sans surprise, un orignal ou un cerf de Virginie qui y trouvent l'habitat et la nourriture nécessaires à leur survie. Le territoire recèle aussi des espèces rares, comme le lynx roux. Ce mammifère discret y jouit, en raison de l'interdiction de piégeage en vigueur dans les parcs provinciaux, d'une protection supplémentaire.

Paradis pour la randonnée à pied ou à ski, le Parc du Mont-Mégantic se divise en deux secteurs d'activités : celui de l'observatoire, auquel on accède par la route 212, via le village de Notre-Dame-des-Bois, attire beaucoup de gens intéressés par les découvertes scientifiques ou tout simplement curieux de pénétrer le mystérieux monde des étoiles. Cette

portion du parc est également empreinte de l'histoire de la région, qu'illustre l'ancienne chapelle toujours présente au sommet du mont Saint-Joseph.

Le deuxième pôle d'intérêt, le secteur de la vallée du ruisseau de la Montagne, que l'on rejoint par le village de Scotstown et la route 214, recèle la plupart des éléments naturels caractéristiques à la région. Des panneaux d'interprétation jalonnent les sentiers, facilitant la connaissance et la sensibilisation du public aux richesses de la végétation du parc.

Dans tous les secteurs du Parc du Mont-Mégantic, la nature déploie ses beautés, rendues accessibles à tous par la volonté des autorités certes, mais aussi par le respect des utilisateurs qui peuvent y effectuer de la courte ou de la longue randonnée, séjourner dans les refuges et les relais ou dormir sous la tente dans un site rustique prévu pour cette activité.

Au Parc du Mont-Mégantic, il est possible de profiter de la nature « de la terre aux étoiles ».

LE PARC DU MONT-ORFORD

SITUÉ à la porte de Magog, dans les Cantons de l'Est, le Parc du Mont-Orford ponctue le paysage estrien de pics ayant résisté à l'érosion, et bien qu'ils appartiennent à la grande chaîne des Appalaches, ils se rattachent plus particulièrement à celle des monts Sutton. Les monts Orford et Chauve, avec leur altitude frôlant les 800 mètres pour l'un, les 600 pour l'autre, représentent les sommets les plus élevés du Parc du Mont-Orford.

L'impressionnante cime du mont Orford domine la région dès qu'on approche du parc. À l'ombre du grand sommet se profilent pourtant d'autres crêtes, de longues et profondes vallées baignées de lacs et sillonnées de rivières, ce qui constitue un territoire représentatif de cette section des Appalaches. C'est au sommet des monts Orford et Chauve que se partagent les eaux des bassins des rivières Saint-François, à l'est, et Missisquoi, à l'ouest, qu'elles alimenteront après avoir nourri les plans d'eau du parc. Ce n'est donc pas un hasard si les lacs Fraser et Stukeley de même que de nombreux étangs, dont l'étang aux Cerises, se blottissent au fond des vallées verdoyantes. Les espaces aménagés autour de ces plans d'eau correspondent aux zones de récréation intensive du parc.

Campée dans une nature soigneusement préservée, la vocation récréo-touristique du Parc du Mont-Orford surprend : on se serait attendu à trouver un parc de conservation. Au tournant d'une route, la montagne présente sa face zébrée de pistes de ski; au bout d'un chemin, on propose un grand lac blotti au creux d'une falaise ornée d'une plage; dans la forêt, bordant une rivière, on trouve même un centre dédié à l'art et à la musique. Et, finalement, à flanc de colline, on découvre un club de golf.

Les sentiers de randonnée du Parc du Mont-Orford jouissent d'une réputation qui dépasse les frontières de notre état. Grâce aux circuits qui traversent les vallées et les sommets, les sentiers exposent à quel point la forêt se diversifie à mesure que l'altitude croît et que le climat change, passant de l'érablière laurentienne composée d'érables à sucre, de hêtres et de frênes dans le fond des vallées à une végétation boréale où le sapin baumier et l'épinette blanche trônent sur les sommets. Des panoramas uniques surgissent çà et là. Par temps clair, des pics des États-Unis peuvent même être contemplés.

En raison du climat tempéré dont jouit le Parc du Mont-Orford, ses forêts dévoilent une nature abondante et une faune variée. La forêt de feuillus habille plus de 80 % du territoire. Cette caractéristique, combinée à la variété d'essences qui la composent, est directement responsable de la flambée de couleurs automnales qui allume la région.

Cette forêt sert d'habitat au lièvre d'Amérique, au porc-épic, à l'écureuil roux et au tamia rayé. Elle accueille également les divers prédateurs de ces espèces, tels le lynx, la martre et la martre de Pennant ou pékan.

Parsemée de conifères, qui procurent des abris sûrs et protègent les petites arbustes, nourriture nécessaire à la survie du cervidé, cette forêt constitue un site recherché par les cerfs de Virginie pour y passer l'hiver. Quelques « ravages » sont bien connus; le plus important se trouve près de la rivière aux Cerises.

Le réseau hydrographique et les habitats riverains abritent une faune aquatique importante dont plusieurs espèces d'oiseaux aquatiques,

notamment le grand héron et la sauvagine, attirés par les plans d'eau, surtout en période de migration. Les animaux ne sont pas les seuls à profiter des lacs et étangs du parc; les villégiateurs et visiteurs du parc apprécient également les belles plages qui bordent les lacs Stukeley et Fraser.

Le périmètre actuel du Parc du Mont-Orford et l'attrait naturel du site résultent en grande partie du désir des gens de la région de préserver les qualités du territoire. Dès les débuts du XXe siècle, le réseau de vallées, les massifs, les lacs et les nombreux étangs servirent de prétextes à la création d'un parc de conservation. Grâce à l'initiative des hommes politiques du temps, ce coin de nature sera mis à l'abri de la frénésie du progrès dès 1938, ce qui en fait l'un des plus anciens territoires protégés du Québec.

L'accessibilité demeure l'une des grandes qualités du Parc du Mont-Orford. L'autoroute 10, dite des Cantons de l'Est, mène presque directement aux installations de la station de ski alpin du mont Orford et

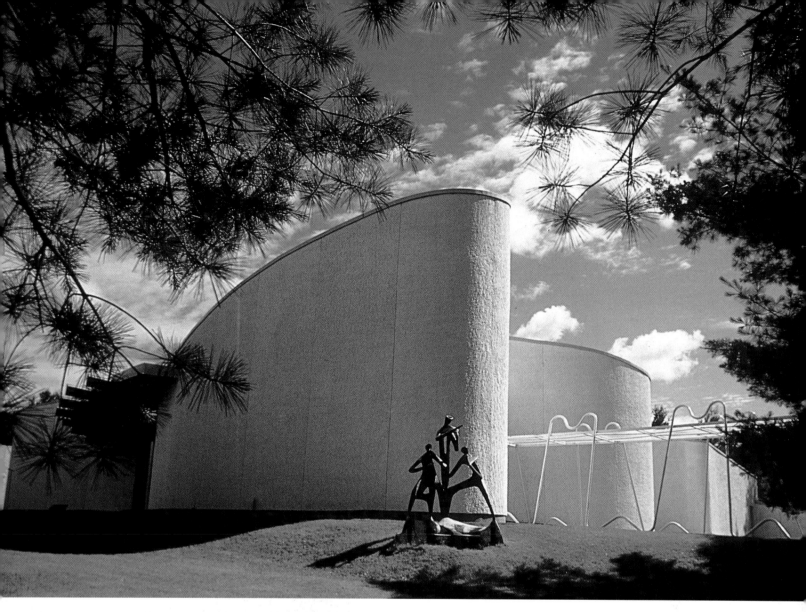

Le Centre d'art d'Orford

au poste d'accueil principal, Le Cerisier. Ce dernier rassemble les activités de ski de randonnée et constitue le point de départ de plusieurs sentiers de marche. Le chalet d'accueil propose par ailleurs de la restauration et des services reliés à la pratique d'activités de plein air.

Les secteurs des lacs Stukely et Fraser proposent sensiblement les mêmes services auxquels on ajoute les activités nautiques. Plus de 300 aires de camping, rustiques ou aménagées, sont réparties sur le territoire du parc.

Pour clore une journée d'activités au parc, le Centre d'art d'Orford, qui devient en été un important centre de d'éducation et de diffusion de talents musicaux, propose des concerts de qualité dans un cadre enchanteur. Le Parc du Mont-Orford rassemble vraiment toutes les activités de divertissement de plein air les plus saines au milieu d'une nature plus que généreuse.

LE PARC
DE LA YAMASKA

Coyote

L E Parc de la Yamaska est l'illustration parfaite de l'intervention de l'homme sur son milieu en cas de nécessité, exprimée ici par un sérieux problème de pénurie d'eau potable dans une ville de la région. Une rivière, la Yamaska, harnachée de deux barrages créés par l'homme à partir de matériaux entièrement naturels, s'est docilement glissée hors de son lit pour se déverser dans un bassin de 4,7 km², baptisé réservoir Choinière. Autour de ce nouveau plan d'eau, c'était presque inévitable, s'est greffé un espace récréatif fort agréable : le Parc de la Yamaska.

Le Parc de la Yamaska jaillit dans la région de Granby comme une oasis au cœur des terres agricoles. La forme particulière du réservoir Choinière, en pointe de flèche, la conservation des collines montérégiennes, qui saillissent tout autour, la sauvegarde de leur dentelle de forêts et la protection de bandes sablonneuses sont autant d'éléments qui créent dans ce parc un tableau pittoresque et champêtre où il fait bon s'attarder.

Les vallons inégaux du Parc de la Yamaska penchent vers le nord où pointent des sommets culminant à près de 200 mètres; ils s'accrochent au sud où leurs pics ne s'abaissent pas au-dessous des 100 mètres d'altitude. Les panoramas diffèrent selon l'endroit où l'on se situe, cela va sans dire. Tous les sites d'observation offrent une perspective intéressante et parfois même la possibilité de voir se profiler au loin les monts Shefford, Orford, Sutton, les Appalaches et le mont Yamaska.

D'autres surprises se découvrent encore dans ce parc étonnant, notamment huit érablières. L'automne venu, les érables se marient aux autres feuillus du territoire et colorent la saison; en tout temps, les conifères, dont de magnifiques pins blancs, se joignent à cette célébration de la nature.

La situation géographique du parc dans les Basses-Terres du Saint-Laurent, sa flore, son lac et ses rives, attirent de nombreuses espèces aquatiques et animales. Apercevoir un canard huppé, un lapin à queue blanche, un raton laveur ou même un cerf de Virginie n'est pas le fruit du hasard ici, malgré le grand nombre des utilisateurs du parc. Comme un nid enfoui dans un arbre touffu, le Parc de la Yamaska gagne à être découvert.

Grâce aux postes d'accueil situés dans les zones de récréation intensive du parc, à l'ouest et au nord, il sera possible d'évaluer d'un coup d'œil ou auprès du préposé en service, toutes les possibilités offertes dans le parc. L'interprétation de la nature n'est pas en reste ici, malgré l'importance attribuée à la pratique d'activités nautiques. En raison de la situation particulière du parc, au centre des terres cultivées, cette activité est toutefois axée sur les modes ancestraux d'utilisation des sols et sur la capacité de la nature à s'adapter aux modifications environnementales qui font suite à la création d'un barrage.

Des aires de pique-nique, des stationnements, une plage et des blocs sanitaires complètent les zones de services et aident le visiteur à profiter pleinement de la nature.

LE PARC DU
MONT-SAINT-BRUNO

ITUÉ à quelques kilomètres au sud de Montréal, légèrement en retrait du fleuve Saint-Laurent, le Parc du Mont-Saint-Bruno s'inscrit parmi les collines montérégiennes. Coincé entre les rives de la rivière Richelieu qui coule au sud, et le fleuve Saint-Laurent, au nord, le Parc du Mont-Saint-Bruno génère une force d'attraction irrésistible pour les amants de plein air.

La surprise naît de voir surgir là une butte aussi élevée, dans un paysage autrement dominé par la plaine. Des sentiers de randonnée pédestre ou à skis bien aménagés et offrant une variété de paysages, sillonnent une forêt variée et bien garnie.

Raton laveur

Avec ses 9 km², le territoire du mont Saint-Bruno peut sembler petit. Il faut cependant savoir que le parc s'étend sur une ancienne seigneurie, ce qui explique sa taille réduite et ses caractéristiques particulières, dont le moulin à grain, situé tout près du lac du Moulin. Sa petite taille et sa situation géographique privilégiée expliquent en partie pourquoi le Parc du Mont-Saint-Bruno regroupe, en un espace restreint, autant de surprises fauniques et floristiques.

Situé dans le secteur sud du Québec, la configuration particulière du parc lui attribue le peuplement de nombreuses espèces d'érablières, dont l'érablière à cayer, l'érablière à érable rouge, une chênaie à chêne rouge et l'érablière laurentienne. En raison de ses particularités topographiques, près d'une trentaine d'espèces de plantes vivant dans le parc seraient susceptibles d'être menacées ou vulnérables.

Outre par ses forêts, le caractère naturel du Parc du Mont-Saint-Bruno s'exprime de plusieurs façons dont la plus remarquable est sans doute la présence de plusieurs lacs sur un territoire aussi restreint. Cinq lacs, dont les Seigneurial, du Moulin et des Bouleaux, en occupent une partie importante.

Les sentiers d'auto-interprétation « Réseau des lacs et des ruisseaux » et « L'érablière », sillonnent la montagne et contournent les lacs, permettant aux visiteurs de se familiariser avec ces éléments dominants dans le parc. La randonnée peut s'effectuer à pied, à ski ou à vélo.

Dans le secteur du lac du Moulin, une station de pompage voisine plusieurs tables à pique-nique. Cet aménagement constitue une aire de détente fort prisée par les utilisateurs du parc. La pente de la colline

LE PARC DU MONT-SAINT-BRUNO

descend doucement vers le plan d'eau douce, où il est toutefois interdit de se baigner : le bassin contient les réserves d'eau potable de la municipalité de Saint-Bruno-de-Montarville, dont le tissu urbain entoure la montagne.

Vestiges du temps de la Seigneurie de Montarville, on trouve encore, retirées dans le parc, des propriétés privées. Somptueuses et élégantes, elles se concentrent dans le secteur du grand lac Seigneurial et ne gênent pas pour autant la pratique du ski de randonnée ou de la marche ni même celle du vélo, toléré seulement dans certaines zones du parc. La fragilité de la végétation explique que certains secteurs soient interdits de passage.

Les animaux qui le fréquentent ajoutent à l'attrait du parc : plus de 200 espèces d'oiseaux le visitent chaque année. Parmi celles-ci, on compte beaucoup de rapaces; tous ne nichent pas sur le territoire, mais

plusieurs espèces s'y relaient toute l'année. Grâce à la variété de la végétation qui peuple les versants nord-ouest de la montagne, au verger et aux champs en friche, le parc compte parmi ses visiteurs de nombreux cerfs de Virginie, en plus des renards roux, des marmottes, et des autres : une quarantaine d'espèces de mammifères en tout.

Pour découvrir les richesses naturelles du territoire, il faut s'arrêter au poste d'accueil situé à l'unique entrée du parc. Le stationnement et le chalet d'accueil logent tout près du centre de ski alpin, qui est partie intégrante du parc. Cet espace regroupe un kiosque de renseignements où des cartes du parc sont offertes, une boutique de ski, une salle de fartage et un casse-croûte. Des activités animées permettent également de découvrir les secrets cachés du parc.

Le Parc du Mont-Saint-Bruno, c'est comme un îlot de nature dans une mer de civilisation.

LE PARC DES ÎLES-DE-BOUCHERVILLE

À LA porte de la métropole, à la hauteur de Boucherville, le Saint-Laurent égrène sur 7 km un chapelet d'îles formant un surprenant repli de la nature tout juste à la sortie d'une structure de béton créée par l'homme : le tunnel Louis-Hippolyte-Lafontaine. Cet archipel, on le dirait déposé là, à quelques kilomètres du grouillant centre-ville de Montréal, afin que les citadins, qui n'ont jamais connu ni la mer ni ses îles, puissent humer et goûter l'air du large.

Constitué des îles Sainte-Marguerite, Saint-Jean, à Pinard, de la Commune, et Grosbois, le Parc des Îles-de-Boucherville propose un vaste territoire récréatif aux humains et des habitats naturels à de nombreuses espèces animales. Situées en plein centre du couloir de migration du Saint-Laurent, les îles du parc accueillent, au printemps et à l'automne, de nombreuses espèces d'oiseaux passagers. En fait, l'ornithologue amateur pourrait compter jusqu'à 179 variétés de volatiles sur ces îles.

Point d'îles désertes toutefois, ni de volcans ou de sommets à conquérir. Un territoire plat, dont le caractère champêtre a survécu à des vocations successives de chasse et de piégeage aux XVIIIe et XIXe siècle, de parc d'attractions au début du XXe, pour devenir parc de récréation et de conservation en 1981. Car c'est au mitan des années 1970 seulement que le gouvernement acquiert cet espace et le destine au divertissement du public et à la conservation du patrimoine naturel; l'agriculture, en raison du cachet historique et de la touche bucolique dont elle colore les alentours, sera préservée.

Cet aspect particulier du Parc des Îles-de-Boucherville, le voisinage heureux des agriculteurs et des infrastructures récréo-touristiques, ajoutent à l'ambiance champêtre de ce havre de nature, réponse des gouvernements au besoin d'espaces verts des Montréalais.

Le Parc des Îles-de-Boucherville rapproche la population urbaine de la campagne tout en maintenant la présence de la ville; où que porte le regard, la cité se manifeste : au nord, au sud ou à l'ouest elle bloque la vue. Certes, ce rappel est omniprésent, mais l'atmosphère de quiétude et de bien-être qui se dégage du secteur le fait oublier. Cette proximité procure un prétexte idéal à servir aux citadins qui ne veulent pas partir à la campagne de peur de s'éloigner de leurs affaires!

Mais la campagne s'étend là dans toute sa plénitude, dans toute son essence. Elle s'exprime dans les champs de maïs où on cultive le meilleur « blé d'Inde sucré » de la région; dans ces sentiers qui sillonnent l'île Grosbois de part en part, et surtout dans ce bac à câble, romantique et essentiel pour qui veut passer de l'île Sainte-Marguerite à l'île à Pinard. Voilà autant de témoignages d'un grand respect pour la campagne.

L'aménagement du parc démontre, quant à lui, toute l'attention portée à la faune et à la flore de l'archipel. Car tout un monde grouille dans les eaux, les marais, les prairies et le boisé de l'archipel qui, mis ensemble, constituent l'habitat naturel de nombreux oiseaux aquatiques, petits rongeurs, amphibiens et poissons. En tout, une quarantaine d'espèces de petits mammifères s'ébattent dans le groupe d'îles, mais il faut être attentif, s'arrêter et écouter, pour les observer. Ces petites bêtes que d'aventure on aperçoit, ancrent davantage encore dans son milieu ce parc surgi du fleuve, à proximité d'un océan urbain.

Le terrain de golf, sur l'île à Pinard, ajoute encore au caractère récréatif du parc. Le Golf des îles propose un parcours de 18 trous à

normale 70, et tous les services d'un club de grande classe : bar, restauration, douches et location d'équipement. Puisque le chalet se trouve en bordure d'une des pistes cyclables, on peut stationner son vélo et observer le jeu des golfeurs, qui doivent d'abord accéder à l'île à Pinard... en bateau! Les randonneurs aussi, d'ailleurs, qui prennent le parc d'assaut en été, s'y rassemblent pour se rafraîchir et observer la faune humaine aux prises avec la petite balle blanche et les bois numérotés.

L'île Sainte-Marguerite, la première du chapelet, offre le site d'accueil principal du parc. Un très vaste stationnement, un casse-croûte, des jeux pour enfants, plusieurs installations sanitaires y sont concentrés. Parce qu'il est très agréable d'y venir pique-niquer en famille l'été, il est possible d'apporter ses grillades, de les cuire dans le parc et de les déguster sur place. L'île Grosbois dispose également d'un poste d'accueil et de toilettes.

L'été, le Parc des Îles-de-Boucherville se présente comme une bouffée d'air frais, à quelques minutes du brûlant centre-ville de Montréal.

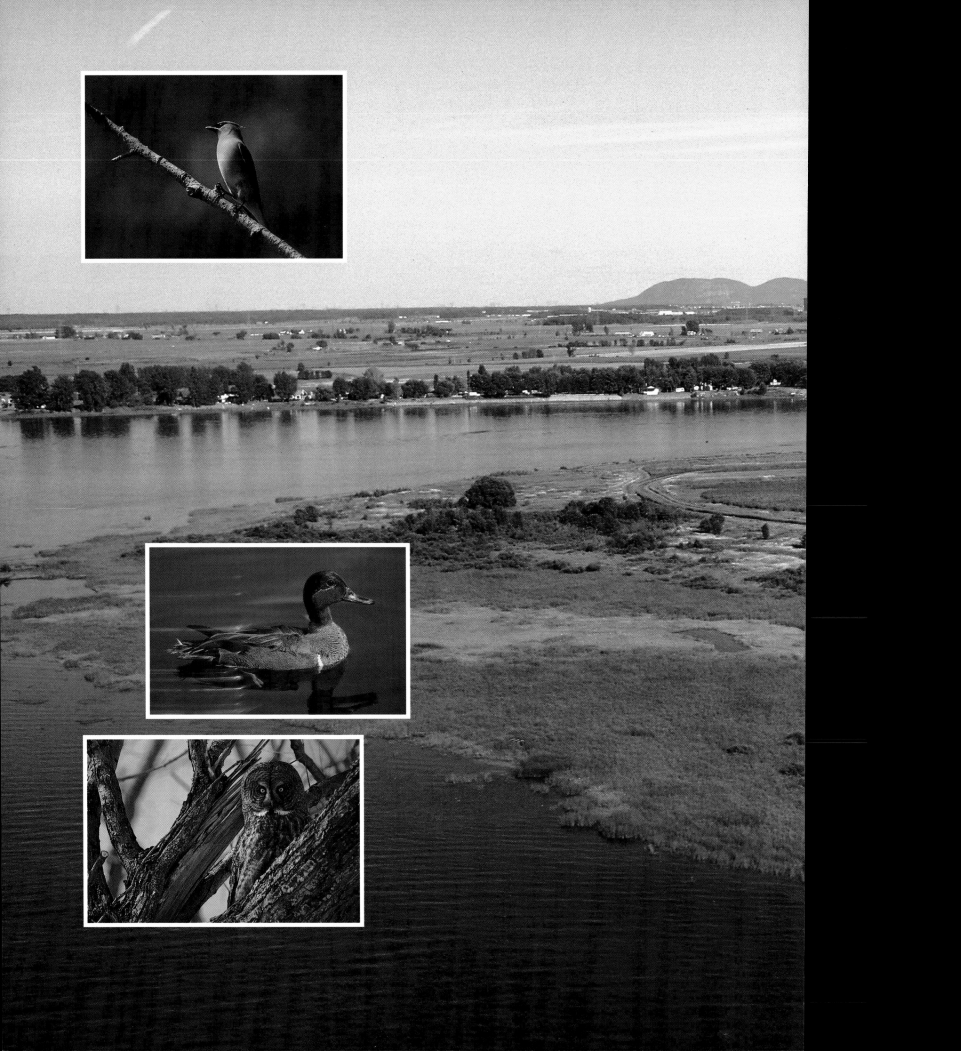

LE PARC D'OKA

SITUÉ au nord-ouest de la métropole, le Parc d'Oka occupe une importante partie de la rive nord du lac des Deux Montagnes, grande nappe d'eau douce alimentée par la rivière des Outaouais et se déversant dans le Saint-Laurent par le lac Saint-Louis, la rivière des Prairies et la rivière des Mille Îles. Sis au carrefour de la région de Montréal et de la région des Laurentides, mais tout juste contenu dans celle-ci, le Parc d'Oka étale sur 24 km² une succession de tableaux illustrant la nature méridionale du Québec.

Les vestiges du passage des glaciers et du retrait de la mer de Champlain dans les basses terres de Montréal surprennent à une si courte distance de la grande ville. Ces reliques se déclinent en collines de roches dures d'une altitude s'échelonnant de 180 à 220 mètres. Cramponné au bord du lac des Deux Montagnes, le territoire ressemble à un îlot de montagnes égaré à la campagne.

L'ère de glaciation n'a pas sculpté que des pics surprenants, elle a également laissé là des sédiments argileux qui composent aujourd'hui des plages de sable très populaires auprès des utilisateurs du parc. Ces bandes de sable ne sont pas exceptionnelles en soi; ce qui les distingue surtout, c'est leur présence à cette hauteur. Le phénomène s'explique par la forte montée de la mer de Champlain dans ce secteur, où elle atteignit près de 190 mètres au-dessus du niveau de l'Atlantique.

L'été donne au Parc d'Oka l'air des plages très convoitées de la Nouvelle-Angleterre. Les nombreux campeurs et autres passionnés de plages et de sports nautiques recherchent les bienfaits de cette nature, bronzant sous le soleil ou clapotant dans l'eau, sous l'œil aiguisé des surveillants de plage. Le parc reçoit beaucoup de monde en été, si bien que les aires de camping, judicieusement protégées du soleil sous la pinède de pins blancs, affichent souvent complet à compter du mois de juillet, surtout les fins de semaine.

Le Parc d'Oka est investi de missions de récréation, de conservation et de préservation d'un territoire naturel exceptionnel. Le périmètre du territoire contient également un héritage patrimonial unique, le Calvaire d'Oka, dont il est le gardien.

Le chemin de croix du Calvaire d'Oka est mis en valeur par la splendide érablière à chênes rouges qu'il traverse. On admire ses quatre

oratoires et ses trois chapelles d'inspiration romane, des bâtiments qui datent du XVIIIe siècle, tout au long du parcours. Ce site classé monument historique, situé sur les ruines de la première mission catholique établie dans la région, fut érigé par les prêtres de Saint-Sulpice entre 1740 et 1742, alors que la région était encore habitée par les Amérindiens. Le sommet du mont Calvaire offre un point de vue spectaculaire sur le lac des Deux Montagnes.

Est-ce sa situation géographique privilégiée, au confluent de plusieurs cours d'eau, qui lui confère sa remarquable richesse écologique? Qui lui vaut ces plantes rares tapissant le sol, ces érablières qui croissent en abondance, ou cette pinède de pins blancs qui dentelle le lac et abrite le terrain de camping? Ses marais, situés à l'écart des zones récréo-touristiques fortement utilisées, agrémentent les rives de la rivière aux Serpents et les abords de la Grande-Baie.

La nature, unique responsable du relief et de la géographie du parc, continue, sous l'action du vent et de l'eau, à transporter la matière pour former le bras de sable qui embrasse la Grande-Baie et l'isole du lac des Deux Montagnes. Cette zone très densément composée de marécages est toutefois interdite au public en raison de la fragilité des habitats qui s'y

maintiennent, dont une héronnière. Ces milieux humides exceptionnels grouillent de vie et attirent les grandes migrations de palmipèdes. Ce sont surtout la Grande-Baie et les berges du lac des Deux Montagnes qui accueillent ces haltes migratoires.

L'avifaune, variée et abondante, compte au moins 200 représentants dans le Parc d'Oka et de nombreuses espèces de mammifères dont des écureuils, des marmottes et même des cerfs de Virginie. Les campeurs mal avisés seront sans doute surpris d'apercevoir les petits rongeurs, ratons laveurs et mouffettes, rôder autour des boîtes à déchets.

Dans ce parc familial fort couru, été comme hiver, on trouve de tout : deux centres d'interprétation de la nature, situés à chacune des extrémités du parc, des casse-croûte, une laverie, un petit marché où trouver du bois pour le feu et de la glace. Pour la pratique du plein air, les gestionnaires du parc effectuent la location d'équipement de ski de randonnée ou de matériel de sport nautique.

Au Parc d'Oka, rien n'est laissé au hasard pour rendre la cohabitation des utilisateurs et de la nature agréable et respectueuse.

LE PARC DU MONT-TREMBLANT

L E Parc du Mont-Tremblant est le joyau de nos Laurentides. C'est en réponse à un projet de sanatorium que le gouvernement du Québec a franchi ses premiers pas en matière de protection du patrimoine naturel.

En 1895, le docteur Camille Laviolette était convaincu qu'une cure en montagne pouvait guérir la tuberculose. Ses recherches l'amenèrent à choisir le mont Tremblant, car il offrait les conditions climatiques idéales pour établir le futur hôpital. Afin de satisfaire à sa demande, le gouvernement créa une « réserve forestière d'État » qu'il désigna sous le nom de Parc de la Montagne Tremblante, selon les termes d'une loi spéciale sanctionnée en janvier 1895.

Malgré son statut de réserve forestière, l'immense forêt qui tapisse le territoire, demeura disponible pour l'exploitation commerciale jusqu'en 1981. À la suite de l'adoption de la *Loi sur les parcs*, son statut fut révisé et sa vocation récréative, confirmée. Malgré les outrages qu'elle a subis, la montagne Tremblante, que les sorciers algonquins avaient baptisée « *Manitonga Soutana* », « montagne des esprits ou du Diable », n'a jamais grondé...

Le Parc du Mont-Tremblant s'explore comme un livre ouvert, chapitre par chapitre. Du nord au sud, d'est en ouest, d'où qu'on l'aborde, le parc dévoile des atmosphères feutrées de sous-bois. Ces ambiances s'éteignent parfois, éclaboussées par le reflet du soleil sur l'eau d'un lac ou par le scintillement de « Galarneau » chatouillant les remous d'une rivière. De ces spectacles aux vedettes qui changent constamment, la nature du Parc du Mont-Tremblant en propose une multitude.

Le parc épouse les contours méridionaux du bouclier canadien selon la forme d'un fer à cheval dont les extrémités embrassent la section des Hautes-Laurentides, à l'ouest, et la région de Lanaudière, à l'est. Au sud, son territoire présente une succession de vallées profondes, de collines arrondies et de pics élancés dont le mont Tremblant, avec ses 968 mètres d'altitude, constitue le point culminant. Au nord, le territoire abonde de réseaux hydrographiques généreusement pourvus de rivières et de lacs dont il faut souligner la pureté des eaux.

Le Parc du Mont-Tremblant, avec ses 1490 km², représente la plus vaste étendue de territoire de tout le Québec vouée à la récréation du

Loutre

public. Cette géographie variée, criblée de monts et sillonnée de cours d'eau, se divise en deux régions aux paysages différents. La section du sud, celle du massif des Laurentides, se compose de collines de toutes formes et de vallées profondes dont les plus importantes sont celles de la Diable, du Pimbina, de l'Assomption. La zone des grands lacs, au nord, caractérisée par l'étendue de ses cours d'eau, possède un relief plutôt plat. Plus de 400 cours d'eau de toutes tailles alimentent les bassins des rivières Rouge, Saint-Maurice et l'Assomption. Les bernaches trouvent dans ses ruisseaux, rivières et lacs, des haltes migratoires accueillantes, les amphibiens et les poissons jouissent de milieux aquatiques d'excellente qualité.

Ces spécificités du territoire, jumelées à l'interdiction de chasser en vigueur depuis plusieurs décennies, donnent lieu à un foisonnement floristique et à un peuplement faunique abondant. Selon un recensement ornithologique récent, près de 200 espèces différentes d'oiseaux y nichent. La forêt laurentienne, constituée d'érablières à bouleaux jaunes,

Page précédente en bas, orignaux,
femelle et veau

caractéristique de cette partie méridionale des Laurentides est remarquable avec ses érables à sucre, ses érables rouges, ses hêtres à grandes feuilles et ses bouleaux jaunes.

Cette forêt héberge de nombreux représentants de la faune laurentienne comme le castor, la loutre, la martre, le lièvre, le renard roux et même l'orignal, ou élan d'Amérique, que l'on peut surtout apercevoir dans le secteur du lac Saint-Louis, où l'on découvre également un exceptionnel peuplement de pruches. Le coyote et le loup y habitent aussi.

Malgré la prédominance de l'érablière à bouleau jaune, la forêt du Parc du Mont-Tremblant compte d'autres espèces d'arbres. En altitude, elle fait place à la sapinière où s'épanouissent des pins blancs, des pins rouges et même des pins gris qui garnissent les flancs d'autres collines un peu moins élevées.

De nombreux services permettent de découvrir le parc dans toute sa plénitude : en randonnée pédestre, à ski ou en raquettes, de courte ou longue durée, en expédition de canot-camping de quelques heures à plusieurs jours, à vélo, ou toutsimplement en profitant des plages du lac Monroe ou des sentiers d'interprétation comme celui du lac des Femmes.

Les infrastructures d'accueil du parc sont logées dans trois secteurs, soit celui de la Diable, au sud, accessible par la municipalité de Lac-Supérieur, tout près de la station touristique du Mont-Tremblant, qui appartient au domaine du parc; le secteur de la Pimbina, dont le centre d'accueil Saint-Donat se situe à une dizaine de kilomètres seulement du village des Laurentides portant le même nom; le secteur de l'Assomption, dans la région de Lanaudière, qui est accessible par le village de L'Assomption, à proximité de la ville de Rawdon.

Le titre de doyen des parcs revient au Parc du Mont-Tremblant. Pourtant, comme le bon vin, la maturité sied bien à ses infrastructures, qui s'améliorent constamment avec les années, mais qui ne perdent rien de leur caractère naturel.

LE PARC D'AIGUEBELLE

POUR celui qui recherche un coin d'une grande beauté sauvage et situé hors des sentiers battus, le Parc d'Aiguebelle, en Abitibi-Ouest, est tout désigné.

Le Parc d'Aiguebelle témoigne du passage des glaciers sur l'immense plaine abitibienne et en évoque l'origine volcanique. Malgré ses origines et les traces profondes laissées par le retrait des eaux du lac de l'Ojibway, l'Abitibi est un territoire relativement peu dénivelé.

C'est pourquoi les collines Abijévis, surgies de la vaste plaine argileuse sur laquelle est érigé le territoire abitibien, ont de quoi surprendre. Ces montagnes, fait étonnant, constituent un prolongement des Laurentides, malgré le fait qu'elles soient éloignées de près de 600 km de leur berceau.

Mystérieuses et envoûtantes, les collines Abijévis, responsables du relief de la région, siègent sur les roches les plus anciennes du bouclier canadien, vieilles de 2,7 milliards d'années.

L'étonnement provient également dans la pente suivie par le relief : du nord au sud, on dirait que les collines grimpent doucement vers l'horizon, jusqu'au mont Dominant, le point culminant du parc, à 566 mètres d'altitude. Au parc d'Aiguebelle, l'histoire de la formation du paysage local et régional se lit dans le roc et dans le caractère biophysique très singulier de la région naturelle de l'Abitibi. Marmites de géant, eskers et failles rappellent le passage des glaciers et la présence d'un lac de l'ère postglaciaire.

Parmi ces vestiges, une grande faille qui traverse le parc presque de part en part. Cette fracture rocheuse forme une cuvette qui contient les eaux de deux lacs contigus, les Sault et La Haie qui, bien qu'ils se frôlent, ne se touchent jamais. La ligne de partage des eaux, traduction littérale du terme indien « abitibi », se situe quasi entre les deux plans d'eau; elle dirige les eaux du territoire en partie vers les rivières Harricana et Bell qui se déversent à la baie James, au nord, pendant que l'autre partie rejoint la Kinojévis qui s'oriente plutôt vers le sud, en direction de la rivière des Outaouais.

Caractéristiques majeures liées aux lacs de faille, les falaises abruptes abondent sur toute la longueur comprise entre les deux lacs. Bien que désignée zone de préservation, cette partie constitue l'espace de

récréation le plus important du parc. Le plus varié aussi. Au nord, le sentier Les Paysages longe le lac Sault, une promenade qui propose une traversée exotique du lac sur un pont japonais! L'excentricité ne s'arrête pas là, puisqu'un grand escalier hélicoïdal est accroché aux flancs escarpés des falaises qui dominent le lac. De nombreux belvédères en mettent également plein la vue sur cette nature indomptée.

Au sud, le sentier ceinture le lac La Haie. Une passerelle suspendue à plus de 22 mètres d'altitude, tendue comme un hamac entre les deux berges du lac, permet de passer d'un côté à l'autre. Un coup d'émotion doublé d'émoi devant un panorama spectaculaire.

Dans cette région, les eaux tiennent une place importante. Elles montrent toutefois des visages différents, se teintant des particularités du sol : certaines sont si claires qu'on peut s'y mirer; d'autres, en raison des cuvettes d'argile dans lesquels elles reposent, prennent une couleur brunâtre. D'autres enfin s'écoulent en cascades tumultueuses au sortir des lacs; ainsi, celles situées au déversement des lacs La Haie et aux Bûcherons sont particulièrement saisissantes. Point d'attraction dans ce parc et espèces rares en Abitibi, les eaux claires abritent des ombles de fontaine (truites mouchetées) et des ombles gris (truites de lac), ce qui n'est pas sans plaire aux pêcheurs s'adonnant à leur sport favori.

Dans le Parc d'Aiguebelle, la nature sauvage s'exprime avec puissance grâce aussi à la beauté de sa forêt boréale. Malgré la dominance en Abitibi des épinettes noires, du sapin baumier, du pin gris, du thuya et du bouleau à papier, de nombreux agents perturbateurs, notamment les feux de forêt, la coupe à blanc et l'épidémie de tordeuse d'épinettes, ont provoqué le peuplement des forêts par de nombreuses espèces colonisatrices telles que le pin gris, le peuplier faux-tremble, le saule et le bleuet. Érigée dans le parc pour le bénéfice des visiteurs, une grande tour à feux domine le paysage et rappelle l'histoire du feu et la lutte incessante des hommes pour le maîtriser.

Dans le Parc d'Aiguebelle les forêts jeunes et matures se marient pour former un tableau naturel complet; les secteurs de l'accueil Taschereau et du ruisseau Noir sont à privilégier si l'on veut apercevoir des arbres épanouis, ceux de la rivière Bassignac et du ruisseau Patrice, pour les peuplements variés. L'automne, les feuillus combinés au résineux s'embrasent en une symphonie de couleurs où l'or domine.

Les sous-bois cachent aussi des trésors qui se déclinent en espèces de plantes rares pour la région, comme le sont le bouleau jaune, le frêne noir, le pin blanc, le mélèze et l'érable rouge. Ces boisés composent l'habitat idéal pour l'orignal, ce qui explique sans doute qu'on y trouve la

plus grande densité d'orignaux au nord du Québec. En outre, l'emblème du parc pourrait bien être le castor; on a dénombré plus de 450 barrages répartis sur les 243 km² du territoire du parc. Ce n'est pas un hasard si les populations de castors et d'orignaux sont aussi importantes sur le territoire du parc qui fut expressément créé dans le but de préserver ces deux espèces dont on avait noté une forte diminution dans les années 1940.

De plus, le Parc d'Aiguebelle abrite peut-être l'animal sauvage le plus rare au Québec : le cougar. Ce félin, qu'on appelle lion de montagnes dans l'Ouest canadien, est un très grand chat sauvage de la taille d'une panthère. Un spécimen de cette espèce a été abattu dans la région et sa présence a été signalée par des résidents à une trentaine d'endroits environnants. La preuve absolue de sa présence reste cependant à établir.

Avec ses lacs et ses paysages variés, son relief doux et ses forêts bien garnies, le Parc d'Aiguebelle constitue un site privilégié pour la pratique d'activités de plein air telles que la randonnée, à pied ou à ski, le canot, la chaloupe ou le pédalo. Pour jouir pleinement d'un séjour au parc, il faut y dormir : le camping Abijévis, qui borde le lac Matissard, compte 47 aires de camping tandis que neuf refuges rustiques répartis sur le territoire attendent les songes des randonneurs.

LES PARCS EN DEVENIR

En plus de ses 17 parcs actuels, le Québec s'affaire à ériger quatre autres parcs : ce sont le Parc des Monts-Valin, le Parc de la chute Vauréal, le Parc marin du Saguenay et le Parc de Plaisance.

LE PARC
DE LA CHUTE VAURÉAL

LA chute Vauréal est une des chutes les plus connues au Québec. Tout le monde en parle; pourtant, très peu de gens l'ont vue.

Il y a une bonne raison à cela : elle se trouve à l'autre bout d'Anticosti, à trois heures et demie de route forestière d'un village déjà fort éloigné, Port-Menier.

Si on en parle tant, c'est que la chute Vauréal, avec ses 76 mètres, est plus haute que les chutes du Niagara et à peine moins haute que la chute Montmorency, cette dernière présentant la plus importante dénivellation au Canada.

Non seulement la chute Vauréal donne-t-elle le vertige à regarder, mais le gouffre dans lequel elle se précipite est lui aussi d'une beauté étourdissante. Imaginez un canyon typique, un des rares chez nous, avec des parois parfaitement verticales et, au fond, une vallée lunaire où coule une rivière aux eaux tellement limpides qu'elles semblent immatérielles.

La réputation de l'Île d'Anticosti comme lieu étrange n'est pas surfaite : en plus des aventures réelles d'un ogre et d'un naufrageur qui alimentent son histoire, elle est largement fondée sur des phénomènes d'ordre naturel qu'on ne rencontre nulle part ailleurs.

Sa géologie est particulière : l'Île d'Anticosti est sortie un jour du fond de la mer à l'occasion d'un mouvement de l'écorce terrestre. La brisure s'est effectuée du côté nord, comme en témoigne la ceinture de falaises verticales jaillies de la mer qui font face à la Basse Côte-Nord.

La couronne de falaises est marquée d'une faille dans laquelle se sont précipitées les eaux de surface d'un vaste pan de l'île : c'est la rivière Vauréal. Comme l'île est un bloc de calcaire, l'eau a patiemment rongé la pierre tendre et sculpté le formidable canyon actuel. Petit à petit, une chute s'est formée et s'est creusée, burinée par l'eau, et a reculé jusqu'au point que l'on connaît aujourd'hui.

Si la chute Vauréal est fort connue, les attraits naturels qui l'entourent le sont peu, exception faite des fameux cerfs de Virginie qu'on rencontre partout. Pourtant, ils ne manquent pas d'intérêt.

D'abord, la mer. Le voyageur privilégié qui navigue dans ce secteur d'Anticosti en voilier, longe des anses et contourne des pointes dont les falaises se perdent dans le ciel. Des phoques et des baleines de toutes

espèces l'observent avec intérêt. Même l'orque y fait des apparitions remarquées.

Entre ciel et mer planent les oiseaux marins les plus remarquables : macareux moine, petit pingouin et fou de Bassan. Mieux encore, le pygargue à tête blanche, le fameux aigle américain, se joint fréquemment à eux.

Son émergence de la mer est tellement récente que le sol d'Anticosti est en maints endroits littéralement couvert de fossiles : parfois des centaines au mètre carré.

Sa forêt de type boréal, dominée par l'épinette noire, pousse parfois, si dru, surtout aux abords de la mer, qu'elle est impénétrable : à certains endroits on peut littéralement marcher sur les cimes. À l'intérieur de l'île, un abondant lichen aérien recouvre les arbres les plus vieux, lichen riche en minéraux convoité par les cerfs.

Non seulement observe-t-on à Anticosti la majorité des oiseaux marins et terrestres du continent mais on y trouve aussi les fleurs les plus rares. Il s'en trouve une, le monotrope uniflore, totalement dépourvue de chlorophylle : tout son être est d'un blanc translucide, comme un fantôme... Cette fleur à elle seule vaudrait qu'on fasse un parc de ce coin d'Anticosti.

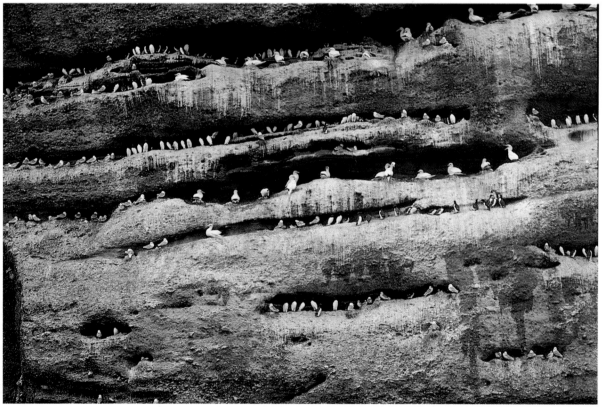

LE PARC
DES MONTS-VALIN

L E futur Parc des Monts-Valin se dresse à mi-chemin entre Tadoussac et Alma, dans la région du Saguenay–Lac-Saint-Jean. Cet espace sauvage, grandiose comme l'imaginent les aventuriers dans leurs rêves les plus fous, c'est le massif des monts Valin. En fait, les monts Valin regroupent un formidable ensemble de montagnes qui, réunies, forment un trait d'union de grande classe entre les montagnes de la Côte-Nord et le fjord du Saguenay.

Les monts Valin s'imposent, même si les paysages bordant la rivière Saguenay et le lac Saint-Jean, agrémentent la région d'impressionnants tableaux. Avec des sommets culminant à plus de 900 mètres, les monts Valin dominent le royaume comme Gulliver, les Lilliputiens; avec bienveillance, évidemment, mais également avec ce qu'il faut de gravité pour commander le respect.

Ce mystérieux amas de pics est entrecoupé de couloirs et de vallées. L'histoire géologique du massif est complexe, mais l'influence du passage des glaciers en cette terre est plus qu'évidente; elle se lit surtout dans les cours d'eau, dont 125 ont été recensés sur le territoire. Cet important réseau hydraulique est constitué de cinq rivières qui offrent de fascinants rapides et des chutes spectaculaires : l'été, elle grouillent de truites, l'hiver, elles forment d'étonnants pains de glace qui font le bonheur des amateurs d'escalade.

On dirait d'ailleurs que l'hiver s'est installé à demeure sur ce territoire : quasi omniprésents, la neige et le froid passent près de six mois dans le massif, plutôt que quatre, comme partout ailleurs au Québec. Ce qui n'est pas pour déplaire aux adeptes de plein air, les premiers à avoir compris le potentiel naturel et récréatif de cet espace à nul autre semblable et souvent déroutant. Même la nature s'y exprime de curieuse façon : près des sommets, là où le vent les torture, les arbres poussent tellement drus que celui-ci n'arrive pas à s'y engouffrer. L'hiver, on les retrouve ensevelis sous la neige, si bien qu'on croirait y voir des fantômes!

De même, les petits arbres qui réussissent à croître sur les sommets arides des montagnes sont souvent victimes des nuages bas gorgés de fines gouttelettes. Après le passage successif de ces masses humides, les arbres portent l'accumulation d'eau transformée en glace comme les

bandelettes qui recouvrent les momies. C'est d'ailleurs le nom donné à ces formations insolites : des momies.

Lugubre? Fascinant plutôt. Les hauts sommets, dont une quinzaine dépassent les 900 mètres, proposent de fantastiques points de vue sur la région. Le pic Dubuc, avec ses 980 mètres, domine les alentours; le panorama sur la rivière Sainte-Marguerite est tout simplement époustouflant.

L'histoire géologique de la région est inscrite dans ses roches : on peut voir sur les sommets des phénomènes comme les niches glaciaires, les rochers profilés et dissymétriques et, témoins du passage des glaciers, de gros blocs erratiques.

Les sommets des monts Valin sont enclavés dans une formation de collines arrondies qui s'ouvre vers le sud. C'est dans cette zone, à l'ouest des grandes hauteurs du parc, que l'on trouve l'une des forêts les plus intéressantes : un peuplement de bouleaux à papier d'un blanc pur. À l'ouest, le rebord des hauts sommets et du plateau intermédiaire constitue l'escarpement, une formation particulière qui correspond à la bordure nord de la faille du Saguenay.

Le relief particulier des monts Valin résulte en fait surtout du travail des glaciers. De même, la rivière Sainte-Marguerite compte parmi les plus importantes lacérations du territoire. Parsemée de plusieurs cascades et de chutes dont certaines atteignent jusqu'à 15 mètres de hauteur, elle emprunte, sur 2,5 km, un canyon dont les parois de plus de 100 mètres de hauteur impressionnent l'observateur. Ces parois gèlent à la saison froide et forment des pics glacés qui font là aussi la joie des adeptes de l'escalade. Grâce à sa population de saumons de l'Atlantique, ce canyon et la vallée de la rivière Sainte-Marguerite qui prolongent le parc, présentent un attrait supplémentaire auprès des amateurs de pêche.

D'autres vallées sillonnent le parc, créant un milieu propice à la croissance d'espèces de plantes précieuses : la petite vallée du Bras des Canots, qui s'étend du nord au sud dans le secteur ouest du parc, est bordée d'une importante bétulaie blanche; la vallée du Bras de l'Enfer, qui borde le territoire à l'est, abrite trois concentrations de plantes rares ou menacées.

Ce décor à la géographie variée sert d'habitat à une faune intéressante. De chaque côté de la rivière Valin, sise dans le sud du parc,

des tourbières et des aulnaies logent des ondatras ou rats musqués, des castors et même des visons.

La zone principale de services, l'accueil Petit-Séjour, est accessible par les routes en provenance de Saint-Fulgence, au sud, et de Saint-David-de-Falardeau, en arrivant de l'ouest. Elle propose quelques chalets de villégiature de courte durée et marque le point de départ de nombreux sentiers de randonnée pédestre ou à skis.

Au long des circuits sont répartis des aires de camping semi-aménagées, des refuges toutes saisons et des campings rustiques. Par ailleurs, on peut explorer le parc en randonnée, certes, mais également en suivant le cours des rivières en canot et en s'adonnant au canot-camping. De nombreux sites de pique-nique, situés dans les zones les plus pittoresques du parc, de même que des belvédères aménagés avec soin, promettent un accès aux plus beaux spectacles de la nature.

Longtemps chasse gardée de quelques férus de nature sauvage et indomptée, la région des monts Valin est enfin offerte à tous, néophytes ou initiés, sur un plateau… de rochers.

LE PARC
DE PLAISANCE

P LAISANCE. Peut-on imaginer un nom plus joli, plus québécois? Et fort approprié de surcroît. Comme celui des chutes Vauréal, le territoire de Plaisance a été retenu en vue d'y établir un parc de conservation.

La localité de Plaisance est située sur la rive nord de l'Outaouais, à quelque 50 km de Hull. La région est typiquement agricole. Adossée aux Laurentides en fond de scène, l'étroite plaine de l'Outaouais occupe tout l'espace qu'elle peut et n'hésite pas à se prolonger jusqu'à la rivière, jusque dans la rivière.

C'est quand une plaine se marie à un plan d'eau qu'elle devient intéressante. On appelle cette union un marais et mille merveilles en sont issues.

Un marais produit le plus formidable milieu de vie que l'on connaisse. Le sol riche de la plaine est couvert d'eau peu profonde que surchauffe le soleil. Parce qu'elle est sombre, la terre du fond emmagasine la chaleur le jour et la rend la nuit à l'eau qui sait la conserver. Comme il n'y a pas ou peu de circulation d'eau dans un marais, la chaleur reste sur place et favorise l'explosion de la vie.

Le plancton s'y multiplie d'abord, plancton végétal et plancton animal. Les invertébrés profitent de cette nourriture et deviennent eux-mêmes la nourriture des insectes. Surviennent les poissons et les oiseaux qui attirent leurs prédateurs respectifs : poissons plus gros, visons, loutres et autres animaux, et enfin l'homme. La chaîne de vie est complète : le marais est un microcosme, littéralement, un petit monde.

Voilà pourquoi les marais sont précieux. Voilà pourquoi il est important de les conserver.

Le marais de Plaisance est vaste. Il regroupe un nombre important de baies et d'anses qui découpent la rive de cette importante rivière qu'est l'Outaouais. Une rivière venue de loin, des confins de l'Abitibi, presque de la baie James, une rivière chargée d'histoire puisque c'est par ici que passait d'Iberville pour aller livrer combat à la baie d'Hudson.

Le marais de Plaisance attire les poissons de l'Outaouais qui s'y nourrissent et surtout qui y fraient : la perchaude, la barbote brune et le grand brochet y sont établis en permanence. Les herbes riches

nourrissent une importante population d'ondatras, communément appelés rats musqués.

Ce rongeur, dont on a depuis toujours exploité la fourrure, n'est plus recherché aujourd'hui. Il est pourtant encore fort utile : il a l'habitude de se faire chaque automne une importante provision d'herbes pour l'hiver, herbes qu'il accumule en un mulon couvert de roseaux qu'on appelle hutte parce qu'il l'habite. Quand arrive le printemps, la hutte, dont il a dévoré le plus gros du contenu, s'effondre et l'ondatra part à l'aventure. Mais les vestiges de la cabane désaffectée sont encore assez importants pour accueillir d'autres locataires : ils offrent un site de nidification idéal aux canards de marais.

De temps immémoriaux, le marais de Plaisance a attiré et abrité une importante population d'oiseaux migrateurs. Certains y nichent. C'est ainsi que tout au long de l'été on peut voir apparaître des nichées de canards colverts, de canards noirs et de sarcelles. Elles surgissent des moindres recoins du marais et s'affairent à se nourrir d'insectes, de petits mollusques et d'herbes tendres.

D'autres espèces, passereaux, anatidés et ansériidés, y font une pause au mitan de leur migration vers les solitudes nordiques. Les bernaches et

certains canards plongeurs prennent le temps de refaire leurs forces et attendent que le dégel printanier soit suffisamment avancé au nord pour leur permettre de continuer leur route. C'est ainsi que chaque printemps des dizaines de milliers d'oiseaux migrateurs se rassemblent aux environs de Plaisance et attirent des foules d'ornithophiles qui viennent les observer de près.

Si le spectacle printanier du retour des oiseaux attire beaucoup de visiteurs, la saison estivale en voit défiler plusieurs autres qui viennent chercher dans ce lieu détente et paix. On pratique aussi l'observation de la flore et de la faune. C'est pourquoi, compte tenu que l'habitat faunique des marais de Plaisance est important et typique et puisqu'il est facilement accessible et à la portée immédiate d'un important bassin de population, le gouvernement du Québec a entrepris les démarches pour en faire un parc.

Toutes les raisons sont bonnes pour conserver à jamais un endroit précieux et agréable. Plaisance vaut bien qu'on en fasse un parc, ne serait-ce que pour immortaliser son nom...

LE PARC MARIN DU SAGUENAY

L E fjord du Saguenay constitue un phénomène écologique unique en Amérique du Nord et même dans le monde. Ses eaux, ses berges, sa flore, et sa faune représentent également des éléments extraordinaires sous notre latitude. C'est pourquoi la préservation de ce site par la création d'un parc était si nécessaire.

L'initiative passera elle aussi à l'histoire. C'est en effet la première fois que les autorités gouvernementales fédérales et provinciales s'unissent dans un projet commun de parc et joignent leurs efforts pour la préservation d'un espace naturel exceptionnel, un milieu marin source de vie. Tous visent toutefois le même objectif : faire du Parc marin du Saguenay un carrefour de vie, d'échanges et de richesses.

Le Parc marin du Saguenay met en valeur les richesses sous-marines de l'estuaire du Saint-Laurent et de la rivière Saguenay, un écosystème complet. Sur près de 100 km, les eaux douces de la rivière s'écoulent vers le fleuve dans le seul but de rencontrer les eaux salées du Saint-Laurent, dans l'estuaire. C'est un phénomène quasi unique au monde : ce ne sont pas tous les fjords qui se jettent dans un estuaire!

Les eaux douces qui alimentent le fjord proviennent du lac Saint-Jean et de ses affluents. Ces eaux, plutôt chaudes, flottent sur la surface du Saguenay, sur une épaisseur d'environ dix mètres, au-dessus des eaux aux froides et salées venues de la mer.

Mais le fjord du Saguenay est tellement profond que non seulement l'eau de la mer y pénètre mais ses abysses recèlent une nappe d'eau provenant de l'océan Arctique.

Les eaux arctiques sont transportées par le courant du Labrador qui suit le chenal laurentien jusqu'à l'estuaire du Saint-Laurent. Deux fois par jour, les marées ouvrent la voie à ces eaux glaciales qui se glissent alors dans le Saguenay.

L'explication de ce phénomène océanographique considéré comme l'un des plus remarquables au monde tient à la topographie très particulière des fonds marins du Saint-Laurent à cet endroit précis : à la hauteur de Tadoussac, la profondeur du Saint-Laurent tombe soudain de 40 mètres à 340 mètres. Cette dénivellation soudaine produit plusieurs effets importants. D'abord, elle constitue une barrière naturelle

empêchant les nappes froides de l'Arctique de remonter plus avant le cours du fleuve. Les marées les poussent alors à l'intérieur du fjord.

Chaque poussée de marée entraîne les eaux froides et fortement oxygénées à la surface. Cet exercice provoque la croissance exponentielle du plancton, le micro-organisme à la base de la chaîne alimentaire du milieu marin. Une telle multiplication de nourriture attire une multitude d'animaux marins, notamment une grande variété de baleines.

Le brassage fructueux des eaux à son embouchure se fait sentir jusque dans le fjord du Saguenay, ce qui les rend hospitalières à la vie marine. En même temps, le mélange des eaux salée et douce justifie également la variété des organismes vivants qui y prolifèrent et explique la grande vitalité des eaux du fjord. Ces eaux grouillent de vie : plus de 54 espèces de vertébrés et 248 espèces d'invertébrés s'ébattent dans la partie inférieure de la rivière Saguenay. Celles qui se laissent le plus souvent observer, le béluga et le phoque commun, sont les plus assidues dans les eaux du fjord. Des représentants de la faune d'affinité arctique comme le requin du Groenland, la morue arctique et la lycode, se montrent aussi régulièrement. Et puis au temps d'abondance, on peut observer le rorqual bleu, le plus grand mammifère au monde, en plus du rorqual

commun et le petit rorqual. D'autres, comme le rorqual à bosse et le cachalot macrocéphale sont de rares visiteurs.

Les 1138 km² du parc marin sont répartis en trois secteurs d'intérêt. Le premier est constitué du fjord lui-même. Sa particularité : être l'un des seuls fjords au monde à déboucher sur un estuaire. Sa position méridionale fait également figure d'exception. Ces qualités remarquables en font un élément majeur du parc, autour duquel gravitent de nombreuses activités d'interprétation.

Deuxième pôle d'importance, l'estuaire du Saguenay constitue la mère nourricière de la faune du territoire. Grâce aux mouvements de ses eaux, l'estuaire contribue de façon essentielle à la vie du parc, en permettant la circulation des éléments nutritifs.

La troisième zone, dite de confluence, représente le haut lieu du parc marin : c'est dans cet espace que s'entrechoquent les eaux. Pourtant, les seuls témoignages visuels de cette union se manifestent en de légers remous de surface. Cette dynamique de la rencontre entre les eaux sombres du Saguenay et des ondes vertes du Saint-Laurent rappelle les échanges autrefois effectués en ces mêmes lieux entre les Amérindiens et les Européens.

Préserver les qualités de ce milieu marin exceptionnel pour les générations à venir représente l'un des enjeux majeurs pour le parc; la diffusion et la sensibilisation concernant la fragilité de ce milieu font également partie de sa mission. Plusieurs sites d'éducation et d'interprétation jalonnent le Parc marin du Saguenay, dont les plus importants sont souvent situés dans d'anciens phares, notamment le centre d'interprétation et d'observation du cap de Bon-Désir, et celui de Pointe-Noire.

Antoine de Saint-Exupéry disait que : « l'essentiel est invisible pour les yeux, on ne voit bien qu'avec le cœur ». Le Parc marin du Saguenay illustre parfaitement cette citation; l'essentiel du parc est invisible, mais c'est grâce à cet invisible mais tumultueux mariage des eaux de l'estuaire à celles du fjord que se perpétue la vie dans l'estuaire.

LES PARCS
D'APRÈS-DEMAIN

LA majorité du territoire québécois s'étend au-delà du 50ᵉ parallèle, soit au nord d'une ligne imaginaire qui relierait Chibougamau à Sept-Îles.

Cet immense territoire se divise en régions naturelles qui ont chacune des spécificités propres. Un des objectifs principaux de tout parc étant de préserver et de mettre en valeur les éléments caractéristiques d'une région, le gouvernement du Québec a réservé au nord du 50ᵉ parallèle 18 sites où il entend ériger autant de parcs.

Ces territoires réservés sont les suivants : le cap Wolstenholme, à l'extrémité nord-est de la baie d'Hudson, où l'on trouve une très importante colonie d'oiseaux, notamment une des plus grandes colonies de marmettes au monde; les monts de Povungnituk, à proximité de cette localité, au cœur du territoire de nidification du cygne siffleur; le cratère du Nouveau-Québec, lieu d'impact d'un des plus gros météorites à avoir jamais frappé la planète Terre; l'estuaire de la rivière aux Feuilles, à Kuujjuaq; les monts Torngat, les montagnes les plus élevées en Amérique du nord à l'est des Rocheuses; les monts des Pyramides; le lac Guillaume-Delisle, qui abrite des phoques et des bélugas, et le lac à l'Eau Claire, aux sources de la rivière à l'Eau Claire; le lac Cambrien, sur la rivière Caniapiscau, dont le fond est au-dessous du niveau de la mer; la confluence des rivières à la Baleine et Wheeler, un important lieu de rassemblement et de frai du saumon de l'Atlantique; les collines ondulées du lac de la Hutte Sauvage, sur le fleuve George; le canyon Eaton, sur la rivière Caniapiscau, un des plus importants canyons au Québec; le territoire du lac Burton et de la rivière Roggan qui forment avec la pointe Louis-XIV le point de jonction des baies James et d'Hudson et un territoire de mise bas de l'ours polaire; la péninsule Ministikawatin au sud de la baie James, point d'arrêt des oies des neiges aussi important que Cap-Tourmente sur le parcours de leur migration annuelle; les monts Otish, principal massif de la région subarctique au Québec, et le lac Albanel, aux sources de la rivière Rupert; le complexe morainique Aguanish-Kenamu, aux sources de la rivière Aguanish, sur la Basse-Côte-Nord; enfin, le secteur de Harrington Harbour, une section typique des rivages et des agglomérations de la Basse-Côte-Nord.

Il reste un long chemin à parcourir avant que tous ces parcs d'après-demain voient le jour mais le seul fait de les voir déjà sur la carte du Québec élève l'esprit et fait battre le cœur.

TABLE DES MATIÈRES